DIE KRAFT DES MONDES

Titel der Originalausgabe: *Moon phases*

Postbus 72, 5330 AB Kerkdriel, Niederlande

Vivida™ is a trademark property of
White Star s.r.l.
www.vividabooks.com

Piazzale Luigi Cadorna, 6
20123 Mailand, Italien
www.whitestar.it

Herausgeber: Balthazar Pagani
Redaktion: studio pym
Design: Emilio Ignozza / *the*World*of*DOT
Layout: PEPE nymi

Aus dem Englischen von Anne Döbel
(für iMport/eXport)
Lektorat: Anika Seemann
Satz: iMport/eXport

Printed in Turkey

ISBN 978-94-6359-863-7

CECILIA LATTARI

DIE KRAFT DES MONDES

Entdecken Sie die mystischen Kräfte verschiedener Mondphasen

Illustriert von Emilio Ignozza

Librero

Inhalt

Für Ginevra, die bald lesen lernt.

Für Rahela und Angela, die wissen, dass Bücher Sie hinfort tragen können.

Vorwort

Wenn ich als Kind abends mit meinen Eltern im Auto unterwegs war, stellte ich mir vor, dass ich eine Schnur in der Hand hielt, die am Mond befestigt war. Er war mein eigener, mein ganz persönlicher Ballon, der da hoch oben schwebte, rund und leuchtend. Ich ballte meine kleine Faust mit Kraft, damit ich die Schnur nur nicht losließ.

Auch als ich älter wurde, ließ ich sie nicht los. Und als ich in die kleine Stadt in den Bergen zurückkehrte, dachte ich „Endlich kann ich den Vollmond feiern und ihn mir von Bäumen umgeben ansehen." Schon oft habe ich dem Mond meine Geheimnisse anvertraut und er hat mir zugehört, wenn ich ihm von Freud und Leid erzählte. Ich bat ihn um Rat, wenn ich in seinem Licht badete.

Es gibt keinen Zweifel daran, dass der Mond seine eigene Magie besitzt. Er ist nicht nur schon immer Inspiration für Dichter, Autoren, Regisseure und Künstler gewesen, sondern auch Orientierungspunkt für fast jede Kultur. Säen, Bäume beschneiden und andere landwirtschaftliche Tätigkeiten folgen dem Lauf des Mondes. Es gibt Anleitungen, welche Mondphase die beste für Friseurbesuche ist, wann eine Operation oder die Kräuterernte stattfinden sollte und so weiter.

Auch für die Eigenpflege und das persönliche Wachstum ist es hilfreich, den Mond zu beobachten und mit seinen Phasen zu arbeiten. Dadurch verstehen wir unseren inneren Rhythmus besser und er hilft uns dabei, eine Verbindung zu den Rhythmen der Natur zu schaffen.

Das Buch bringt uns den verschiedenen Energien des Mondes nahe, die sich von Monat zu Monat und Phase zu Phase verändern. Es berichtet über zwölf Monde, einen für jeden Monat des Jahres, und dazu über einen dreizehnten, den Blauen Mond.

Meine Erläuterungen der Symbole, Botschaften und Methoden zu jedem Mond basieren auf den Tagen des Neuen Monds oder Esbat, wie sie in heidnischer und neu-heidnischer Tradition genannt werden. Der Name Esbat ist dem alten französischen Word *ébat* entlehnt, was so viel wie

Feier oder kleines Festmahl bedeutet. Die Tage von Esbat sind dem Mond gewidmet, der Ehrung der Göttin, es sind Tage intimer Bekundungen, in denen erreichte Ziele gefeiert und zukünftige geplant werden.

Bei der Erläuterung der Energien der Monate im Verlauf des Jahres habe ich bei den Sabbaten begonnen, acht heidnischen und neu-heidnischen Festen zu bestimmten Anlässen. Das Wort „Sabbat" stammt von dem italienischen Wort *sabba* ab, was Festmahl oder magische Zusammenkunft bedeutet. Die Sabbate sind mit dem Lauf der Sonne verbunden: Es sind Tage voller Kraft, Inspiration und des Feierns. In ihnen spiegelt sich perfekt der natürliche Fluss der Zeit, der Kreislauf der Monate und Jahreszeiten und der Rhythmus der Erde wider. Es gibt acht Feste: Samhain, am 31. Oktober, Yul oder Wintersonnenwende am 21. Dezember, Imbolc oder Lichtmess am 2. Februar, Ostara oder Frühjahrstagundnachtgleiche am 21. März, Beltane am 1. Mai, Litha oder Sommersonnenwende am 21. Juni, Lughnasadh oder Lammas am 1. August und Mabon oder Herbsttagundnachtgleiche am 21. September.

Jedes Kapitel ist einem eigenen Mond gewidmet, der vielerlei Namen trägt. Die meisten der Namen, die ich verwende, sind europäischen Ursprungs, speziell angelsächsisch und germanisch, einige entstammen der Kultur der amerikanischen Ureinwohner. Es gibt weitere Namen für die Monde, die häufig auf die Ereignisse in dem jeweiligen Monat und auf die betreffenden Regionen der Welt Bezug nehmen. Ich habe europäische Bezeichnungen gewählt, weil ich finde, dass sie besser zu den Einflüssen und Energien passen, mit denen ich gearbeitet habe, um die lunaren Botschaften zu erforschen. Von diesen Namen habe ich die ausgewählt, die den jeweiligen Mond des Monats am treffendsten beschreiben.

Dabei habe ich die vier Mondphasen berücksichtigt, von denen jede für ein bestimmtes Gefühl steht:

NEUMOND – Diese Phase tritt ein, wenn der Teil des Mondes, der zur Erde zeigt, vollkommen im Schatten liegt, der Mond steht dabei zwischen Sonne und Erde. Daher erscheint der Neumond immer in demselben Sternzeichen wie die Sonne. Die Energien des Neumonds sind stärkend, frisch und primitiv und führen zur Entstehung neuer Projekte, die wachsen und reifen können. Das Organisieren wird gefördert, vielleicht in Kombination mit einem Hang zum Alleinsein und Rückzug von der Welt, die uns umgibt, um sich mit neuen Dingen zu beschäftigen.

ZUNEHMENDER MOND – Auf den Neumond folgt die Phase des zunehmenden Mondes, beginnend mit einer schmalen, leuchtenden Sichel voller Potenzial. Vierzehn Tage lang wächst der Mond. Während der ersten sieben Tage steht der Mond im ersten Viertel, in den letzten sieben Tagen wird er zunehmender Dreiviertelmond genannt. In dieser Phase sind die Energien einladend, begünstigen Wachstum und Erholung.

VOLLMOND – Wenn der Mond voll ist und seine der Erde zugewandte Seite der Sonne gegenüberliegt, dann sieht er zwei oder drei Tage lang wie eine leuchtende Kugel am Himmel aus. Während dieser Phase erreichen seine Energien ihren höchsten Stand. Dies ist ein sensibler Übergang, geeignet für das Ausarbeiten von Plänen.

ABNEHMENDER MOND – Der Mond wird nun jeden Tag etwas kleiner, bis er nach vierzehn Tage zum Neumond geworden ist. Vom dritten bis siebten Tag nach dem Vollmond heißt er abnehmender Dreiviertelmond, vom siebten bis vierzehnten Tag nennt man ihn abnehmender Halbmond oder Balsammond. Die Energien in dieser Phase stehen für das Loslassen und für Reinigung.

In jedem Kapitel nenne ich Symbole, die dem speziellen Mond zugeordnet sind. Durch sie lässt sich eine Verbindung zu den Energien des Mondes herstellen, wenn Sie etwa mit ihnen Ihr Zuhause dekorieren. Auf die Art können Sie Ihrem Alltag mit den jeweiligen Energien Magie verleihen.

Jedem Mond wird ein Planet zugeordnet, außerdem geschichtliche Hintergründe, Sie finden Verweise auf Kräuter und eine Botschaft in seiner eigenen sanften Stimme. Den Schluss macht die Vorstellung berühmter Menschen, echter Pop-Ikonen, deren Art und Kunst die jeweiligen Mondbotschaften verdeutlichen.

Ich glaube, dass der Mond gar nicht so weit weg ist und uns auf unserer Reise begleitet. Er erinnert uns daran, die Magie, die uns umgibt, genau im Blick zu haben. Denn sie ist uns allen sehr nah.

Der Wolfsmond

Andere Namen sind Ruhiger Mond, Schneemond, Kleiner Wintermond, Jungfräulicher Mond und Heller Mond.

Dies ist ein starker Mond mit einer klaren, scharfen Stimme, die manchmal streng sein kann.

Im Januar erreicht der Winter seinen Höhepunkt, es ist der Monat des Rückzugs, wenn alles schläft. Eine Zeit, in der man zusammenrückt, im Haus bleibt, sich um sein Rudel kümmert, wie Wölfe es tun.

Und tatsächlich ist der Wolf die Inspiration des Januarmondes – ein Mond, der wild und einsam, sich aber gleichzeitig bewusst ist, wie wichtig die Gemeinschaft ist, die Zugehörigkeit versichert. Ihr Rudel ist nicht unbedingt die Familie, in die Sie hineingeboren wurden. Es setzt sich aus denen zusammen, denen Sie sich verbunden fühlen, die Ihnen am Herzen liegen, Ihren Freunden, denen, die Ihr gewähltes Team bilden. Gefühlsmäßig kann diese Familie sehr gut mit einem inzwischen geläufigen Wort beschrieben werden: *hygge*. Dieses dänische und norwegische Wort drückt das Wohlbehagen und die Freude aus, die wir empfinden, wenn wir an einem vertrauten Ort sind, es uns gut geht, umgeben von Freunden, und die kleinen Alltagsfreuden genießen.

Der Januar ist der erste Monat des Jahres, der Monat, in dem wir Entschlüsse fassen, wenn alles noch in den Sternen steht, aber er ist auch der bitterste Monat, in dem die Natur ruht. Versunken, sinnierend über das, was sein wird, schlafend, im Mutterleib abwartend. Es ist der Monat des Steinbocks, einem Erdzeichen, das leuchtend und pragmatisch ist. Wenn die Sonne im Steinbock steht, steht der Vollmond im gegenüberliegenden Zeichen, dem Krebs, was bedeutet, dass die Gefühle manchmal die Oberhand über die Vernunft erringen. Der Januarmond kann einerseits den Wunsch in Ihnen wecken, den ganzen Nachmittag im Bett zu liegen, zu lesen und zu träumen und andererseits möchten Sie Ihre engsten Freunde abends zum Essen um sich versammeln und die Gespräche genießen. Es ist nichts Schlimmes daran, sich wie ein einsamer Wolf zu fühlen und gleichzeitig das wunderbare, einzigartige Rudel zu brauchen.

Aus emotionaler und geistiger Sicht ist der Januar der Monat, in dem Sie zwar allein sein und in sich selbst suchen möchten, zur selben Zeit allerdings auch von Ihren Lieben umgehen sein wollen. Die Stimme dieses Mondes rät Ihnen, hier und da in sich Leere zuzulassen und er empfiehlt eine Reinigung, um das Neue willkommen zu heißen.

Mondphasen

BEI NEUMOND im Januar können Sie sich Dingen widmen, die Ihre Arbeit verbessern: Erstellen Sie einen Businessplan, organisieren Sie Projekte für das neue Jahr oder zumindest für die nächsten drei Monate, nehmen Sie sich einen ganzen Tag, um nachzudenken, wie Sie etwas Neues entwickeln können. Dies könnte die ideale Zeit dafür sein, etwas loszulassen, das Sie wirklich gerne aus Ihrem Leben bannen möchten: Zigaretten vielleicht oder Sie fangen an, sich vegetarisch oder vegan zu ernähren, schneiden tote Zweige Ihres Beziehungsgeflechts ab und richten Ihre Aufmerksamkeit darauf, was Sie produktiv macht. Der Neumond des Januars raunt Ihnen zu: „Um etwas zu erhalten, müssen Sie zunächst Platz schaffen."

BEI ZUNEHMENDEM MOND im Januar können Sie entsprechend der Energien des Monats Verbindung mit Ihrem Wunsch nach Erneuerung aufnehmen. Dieser Drang tritt jetzt auf, weil wir am Anfang eines neuen Jahres stehen. Nutzen Sie diese Mondphase für Kontakte, treffen Sie Menschen, die Sie lieben, laden Sie enge Freunde abends zum Essen ein und reanimieren Sie die Eigenschaft des Wolfs, die Sie dazu treibt, sich um Ihre besondere, erweiterte Familie zu kümmern.

BEI VOLLMOND im Januar ist es Zeit für die Entwicklung Ihrer Intuition: Denken Sie über Ihre Familie und Ihre Vorfahren nach, forschen Sie in deren Geschichte und hören Sie denen zu, die zu Ihrer Gemeinschaft gehören. Wichtig ist es, bei Vollmond zu planen. Betrachten Sie Ihre Ergebnisse und balancieren Sie Ihre Ziele aus. Sie könnten sich an diesen Tagen dem Studium widmen, um sich stärker mit etwas zu beschäftigen, das Sie interessiert und Ihren Verstand schärft.

BEI ABNEHMENDEM MOND im Januar laden Sie Ihre Freunde zu eine Tasse Tee ein. Seien Sie aufnahmebereit und hören Sie bewusst zu. Lassen Sie los, was Sie nicht länger brauchen, beispielsweise Kleidung, die Sie nicht mehr tragen, und geben sie jemandem, der sie brauchen kann. Sehen Sie die Dinge als das, was sie wirklich sind und fragen sich: Ist es das wert? Brauche ich das wirklich? Welche Bedürfnisse habe ich?

Pflanze

Die Vogelbeere ist ein wunderschöner Baum, der bis zu 15 Meter hoch werden kann. Als Kind zogen mich die kleinen roten Beeren an, für mich sahen sie aus wie Äpfel für Feen. Und mit meiner kindlichen Intuition hatte ich damit recht. Sie ist auch als Eberesche oder Drosselesche bekannt und galt den Kelten als heilig. Sie widmeten ihr eine bedeutsame Zeit, vom 21. Januar bis zum 15. Februar, nach der Wintersonnenwende, wenn das Licht allmählich über die Dunkelheit triumphiert.

Sie pflanzten diesen magischen Baum als Schutz vor Stürmen und Blitzeinschlägen vor ihre Häuser. Im alten Irland baten Krieger die Götter um Beistand und sprachen Zauber über Feuer aus dem Holz der Vogelbeere. Dabei baten sie die Geister der Gefallenen, an ihrer Seite zu kämpfen.

Die Früchte finden getrocknet oder gekocht Verwendung in der Phytotherapie. Werden sie frisch oder ungekocht aufgenommen, können sie giftig wirken, was in der Verarbeitung zu Marmelade oder Sirup vermieden wird. Beide Zubereitungen besitzen adstringierende Eigenschaften. Die Knospen der *Sorbus domestica* unterstützen mit ihrer gefäßregulierenden Wirkung die Strahlentherapie.

Symbolisch ist der Baum, der Brigid (der Fruchtbarkeitsgöttin der keltischen Mythologie) heilig war, mit der Inspiration, Dichtkunst und dem Feuer verbunden. Der keltische Name des Baums, *Luis*, bedeutet „Flamme“: eine Flamme, die die Sinne anfacht und Ihre Sicht verbessert, damit Sie einen klareren Blick auf die Realität bekommen.

Die Vogelbeere sagt Ihnen „Seien Sie unkonventionell und haben Sie keine Angst, die Dinge mit eigenen Augen zu betrachten.“

Vogelbeere

Sorbus domestica L. oder *Sorbus aucuparia L.*

I

15

I
16

Symbole

WOLF

Das wichtigste Symbol dieses Mondes steht für die Fähigkeit zu lehren, für Individualität, die Fähigkeit, etwas zu formen, Gruppenbewusstsein, Loyalität, Ergebenheit, Talent, Detailgenauigkeit, Sicherheit, Familie.

SCHNEEGLÖCKCHEN UND KROKUS

Die Blumen sind mit dem Mond verbunden und symbolisieren die Schönheit in der Schwierigkeit, Wiedergeburt und klare Intuition.

GRAU, VIOLETT UND WEIß

Die Farben, die diesem Mond zugeordnet sind, stehen der Kälte nahe, dem Ausruhen, der Reinheit und der Intuition.

DIE GREISIN

Die weibliche Seite, die mit diesem Mond assoziiert wird, ist die weise, alte Frau, die alles weiß und das Geheimnis der Zeit hütet. Sie wartet und weiß, wann die Zeit reif ist, wie der Winter, still und scheinbar unbeweglich. Die kurze Pause, während sich das Leben auf die Wiedergeburt vorbereitet.

DER EREMIT

Der Eremit ist die Tarotkarte, die für die Innenschau steht, für die Ressource, allein leben zu können und für Selbsterkenntnis.

TIGERAUGE ODER KATZENAUGE

Beides sind besondere Steine, die im Licht schimmern und enthüllen, dass in ihnen etwas liegt, das wie ein Auge aussieht. Sie verleihen eine klare, präzise Vision und helfen, richtige Entscheidungen zu treffen.

FRÜCHTE DER VOGELBEERE ODER ÄPFEL

Dass ihre Samen sternförmig angeordnet sind, wenn die Früchte waagerecht oder am Boden der Vogelbeere aufgeschnitten werden, ist einer der Gründe, warum sie den Mond symbolisieren.

Praktiken und Rituale

Legen Sie ein Mondjournal an, in dem Sie Ihre Projekte, Träume und Wünsche festhalten. Verwenden Sie viele Bilder dafür, aber es soll keine Pinnwand für Pinterest werden (obwohl Sie die natürlich auch erstellen können). Nehmen Sie Bilder und Fotos aus Zeitschriften, Broschüren und von Inspirationsseiten, die Ihnen gefallen. Schneiden Sie sie aus und fertigen Sie Ihre Collage der Wünsche an.

Laden Sie Ihre besten Freundinnen nachmittags zu einer Tasse Tee ein und backen Wolfsmondkekse für sie. Dafür brauchen Sie 200 g Mehl, Hefe, 225 g Margarine oder Butter, 375 g Rohrzucker, 1 Ei und 1 Teelöffel Vanilleextrakt. Verarbeiten Sie alle Zutaten zu einem Teig, lassen ihn eine halbe Stunde im Kühlschrank gehen, rollen ihn aus und stechen halbmondförmige Kekse aus. Geben Sie sie etwa 10 Minuten lang bei 180 °C in den Backofen.

Ziehen Sie Vogelbeeren mit einer Nadel auf eine rote Schnur auf und tragen sie als Halskette, als persönliches Amulett, das Ärger abwehrt. Sie können die Beeren selbst vom Baum ernten, sie in einem Kräuterladen kaufen oder online erwerben.

Wenn Sie kein Tarotspiel besitzen, besorgen Sie sich eins und reflektieren über die Botschaft des Eremiten.

Baden Sie im Licht des Vollmonds – in Ihrem Garten, einem Park oder im Wald – und lassen sich von seinen Strahlen berieseln. Tragen Sie weiße oder gemütliche Kleidung aus Naturfasern. Schützen Sie sich mit einem weichen Tuch vor der Januarkälte.

Wenn Sie nicht raus wollen, beobachten Sie den Mond von drinnen, denken Sie sich Ihren eigenen Wolfstanz aus. Denken Sie daran, dabei oft zu heulen.

I

19

Björk

Song: *It's Oh So Quiet* (aus dem Album Post, 1995)

I

20

Pop-Ikone

Folgen wir der einsamen Natur des Wolfsmonds, treffen wir vielleicht auf Björk. Sie stammt aus Island, dem Land aus Eis und Feuer. Ihr Stil ist originell und unverwechselbar, ihre Musik umspannt mehrere Genres. Ihre Produktionen, ihre Musikvideos und ihre Bühnengarderobe sind sehr speziell, extravagant und lunar. Björk findet immer die Balance zwischen Technologie und Musik und untermalt ihre Auftritte mit ausgefallenen Performances und Darstellungen.

Wie der Mond im Januar sagt sie uns: „Du schaffst das!“ Sie können zu den „Merkwürdigen“ gehören und trotzdem Ihre anvisierten Ziele, Ihre Fantasiewelt, in der Wirklichkeit erreichen. Kleiden Sie sich ruhig genauso, wie Sie möchten, auch wenn das nicht immer leicht ist, aber Ihr Stil, Ihre Kleidung und die von Ihnen gewählten Accessoires und Farben sind Teil Ihrer Persönlichkeit und der Botschaft, die Sie verbreiten möchten. Scheuen Sie sich nicht, etwas zu tragen, was andere für exzentrisch halten – sehen Sie es als Ihr Bühnenoutfit. Sie sollen Spaß empfinden, wenn Sie Ihren Kleiderschrank öffnen.

Nehmen Sie Ihre introvertierte Seite an. Der Wolfsmond fördert Reflexion und inneren Dialog. Björk mag schüchtern und reserviert sein, aber sie ist auch ein Rockstar! Wenn Sie also Zeit für sich brauchen, nehmen Sie sie, auch wenn es nur eine Viertelstunde sein kann. Wenn Sie ein Telefonat führen müssten, aber nicht wollen, schicken Sie eine Stimmnachricht oder eine E-Mail. Nehmen Sie sich Zeit zum Lesen oder um aus dem Fenster zu sehen. Aalen Sie sich in der Badewanne, umgeben von einer Armee Duftkerzen, oder verweilen Sie in der Stille, um zu beobachten und zu meditieren.

Mit einer klaren und weiten Sichtweise können Sie Ideen zusammenbringen, die weit voneinander getrennt scheinen, die sich jedoch etwas zu sagen haben, eine gemeinsame Stimme besitzen. „Gehen Sie ohne Angst voran“, flüstert der Wolf, der diesen Mond bewohnt.

Der Schneemond

Andere Namen sind Eismond
und Wilder Mond.

Der Mond im Februar tritt in einer Zeit der Versprechen auf, in der wir an das Wiedererwachen glauben müssen, obwohl es noch kein Anzeichen für Leben gibt.

Schneemond ist die perfekte Bezeichnung für den Mond im Februar, weil wir in dieser Zeit ruhig sind, wie die Samenkörner unter der Schneedecke. Gleichzeitig spüren wir, wie die Luft um uns herum sich verändert: Der Februar trägt den Samen des kommenden Frühjahrs in sich. Er kombiniert Ausruhen und Aktivität, die Stille und das Knacken des Holzes im Kamin.

Noch herrscht Winter, aber warme Sonnenstrahlen, das andere Licht und der Tau, der auf den nackten Baumstämmen glänzt, überrascht uns im Februar. Alles ist ruhig, alles steht kurz davor, sich zu bewegen – wie der Schnee, der die Landschaft kurz mit Magie überzieht, aber genauso schnell wieder schmilzt und die weiche Erde darunter freigibt, aus der das Gras sprießt und der Duft des Frühlings aufsteigt – fast jedenfalls. Wenn wir den Boden berühren, fühlen wir, dass er wärmer ist und dass er sich unter dem Schnee zu regen beginnt.

Das Wort Februar stammt von dem lateinischen *februare* ab, das „reinigen" bedeutet. Die Energie in dieser Zeit wird vorrangig mit Reinigung, Erneuerung, Platz schaffen und Neugestaltung assoziiert. Lichtmess findet in diesem Monat statt, was seinen Ursprung in dem keltischen Fest zur Wiederkehr des Lichts und in dem heidnischen Fest Imbolc hat, was „im Mutterschoß" bedeutet. Imbolc wurde zu Ehren der Göttin Brigid begangen, gefeiert wurden die Früchte der Erde und das heilige Feuer der Kreativität.

Es ist mir wichtig, darauf hinzuweisen, dass zwei gegensätzliche Kräfte im Monat Februar wirken. Einerseits muss man sich gedulden, warten und im Schoß ausharren, andererseits gibt es den Wunsch nach Reinigung, danach, neues Leben zu geben und Platz zu schaffen. Und wenn wir darüber nachdenken, so braucht alles, was geboren wird, zwar Ruhe und Zeit, aber auch Bewegung und Wachstum. Sie können Ihre Zeit im Februar den Aktivitäten und Praktiken widmen, für die beide Kräfte gebraucht werden, wie die Flamme einer Kerze, die ein Zimmer mit der entschlossenen, reinigenden Kraft des Feuers säubert.

Mondphasen

BEI NEUMOND im Februar können Sie sich damit beschäftigen, zu sichten, was Sie behalten möchten und was verschwinden kann. Erstellen Sie eine Liste mit Gegenständen in Ihrem Haus, Kleidung, persönlichen Pflegeprodukten und Nahrungsmitteln in Ihrer Vorratskammer. Dann suchen Sie alles zusammen, was kaputt, nicht zu reparieren, abgenutzt und seit einem Jahr unbenutzt ist. Überlegen und sortieren Sie, was Sie spenden können und was tatsächlich weggeworfen werden muss.

BEI ZUNEHMENDEM MOND im Februar halten Sie kurz inne, um Ihre Projekte zu analysieren (für die Sie im Januar einen Businessplan gemacht haben, zum Beispiel) und zu schauen, wo sie jetzt stehen, was nötig ist, damit sie sich weiterentwickeln und wie viel Zeit sie noch zum Reifen brauchen. Wie können Sie sich jetzt und im folgenden Monat um Ihre Pläne kümmern? Dies ist der richtige Moment, die Saat Ihrer Wünsche aufmerksam zu versorgen und zu planen.

BEI VOLLMOND im Februar nehmen Sie sich die Zeit für ein Schönheits- und Pflegeritual nur für sich – ein duftendes Bad, ein Abend mit einem guten Buch und Kerzenschein oder Sie geben sich einen Moment Ihren Tagträumen hin und entspannen dabei. Begrüßen Sie die Gelegenheit, nichts zu tun und feiern Sie das, während der Mond größer wird. Die weißen Schneestrahlen streicheln Sie und geben Ihnen das Gefühl echter Sicherheit, wie das Saatkorn unter dem Schnee, das sich bereit macht, zu sprießen.

BEI ABNEHMENDEM MOND im Februar suchen Sie Ihre Kerzenständer zusammen und reinigen sie. Entfernen Sie Wachsreste und entsorgen Kerzen, die alt oder kaputt sind oder die schon viele Male angezündet und gelöscht wurden. Erneuern Sie Ihr Räucherwerk und entzünden ein Räucherbündel, um stehende Energien aus Ihrem Zuhause zu vertreiben. Öffnen Sie jeden Tag ein paar Minuten lang die Fenster und lassen frische Luft hineinströmen.

Pflanze

Die Medizinschule von Salerno stellte im Mittelalter in ihren Studien über Salbei die Frage: „Wie kann ein Mann, in dessen Garten Salbei wächst, sterben?“ Und tatsächlich besitzt der Salbei so viele gute Eigenschaften, dass es unmöglich ist, krank zu werden, wenn man das Glück hat, genug davon zu besitzen.

Salbei erkennt man an seinen samtigen Blättern, an seinem Geruch, der an Omas Sonntagsessen erinnert, oder am Kräutertee, der mit einem Hauch Zitronensaft getrunken wird. Die Mittelmeerpflanze ist mehrjährig und immergrün. Teile von ihr sind holzig, andere blättrig und der Farbton ihrer Blätter ist so besonders, dass eine Farbe nach ihr benannt wurde: Salbeigrün.

Salbei ist ein Symbol für Gesundheit, von diesem Wort stammt auch sein Name ab: *salus* oder das Adjektiv *salvus*. Eine Assoziation ist Schutz für das Zuhause und für die, die darin wohnen. Salbei ist die Pflanze, die am häufigsten für Räucherbündel verwendet wird, die aus zusammengebundenen, getrockneten Kräutern bestehen, und zur Reinigung im Haus angezündet werden.

Salbei wirkt blutstillend, desinfizierend und entzündungshemmend. Zusammen mit Lorbeerblättern ergibt er einen Verdauungstee und ist, mit Honig zubereitet, ein gutes Hustenmittel. Auch gegen Entzündungen in der Mundhöhle, Zahnfleischentzündung und Reizungen wirkt er effektiv. Das Phytoöstrogen im Salbei kann den Menstruationszyklus regulieren.

Früher einmal war es Sitte, Salbei zu pflanzen, wenn ein Baby geboren wurde, damit Pflanze und Mensch gemeinsam wachsen konnten. Salbei soll vor Albträumen und unangenehmen Visionen schützen.

Seine Botschaft lautet „Gehen Sie Ihren Weg und seien Sie mutig genug, loszulassen.“

Salbei

Salvia officinalis

II

27

II

28

Symbole

SCHNEE

Schnee ist das Symbol schlechthin für diesen Mond. Schnee ist Verzauberung, die Stille vor dem Moment, wenn alles anfängt. Er ist der Atem vor dem Frühling, das Symbol für Reinheit und Licht.

WEIẞ

Die Farbe, die für diese Jahreszeit steht, ist Weiß, sowohl, weil es an Schnee erinnert, als auch für seine Symbolik, wie Reinigung und weite Räume, ähnlich einem neuen, leeren Blatt Papier, das darauf wartet, beschrieben zu werden.

ESCHE

Die Kelten verbanden mit diesem Monat die Esche, einem Symbol für Weisheit und Heilung. Die mythische riesige Esche *Yggdrasil*, der Baum, an den Odin sich hängte, gilt als kosmischer Baum.

GERSTE

Die Gerste ist ein nahrhaftes Getreide, süß und weich. Wenn sie gemahlen wird, entsteht eine milchig-weiße Substanz, weswegen sie häufig mit dem Februar und diesem Mond in Verbindung gebracht wird. Die Spreu der Gerste ergibt eine weiche Kissenfüllung, ideal zur Entspannung und für erholsamen Schlaf.

DER STERN

Die Tarotkarte in Assoziation mit diesem Mond ist der Stern. Er steht für die Hoffnung, die Saat, die noch schläft, für das Vertrauen ins Glück, in die Zukunft und in die ersten Sonnenstrahlen.

KERZEN

Kerzen sind charakteristische Symbole für den Februar. Sie werden zu Lichtmess gesegnet und sind Teil aller Feierlichkeiten zur Rückkehr des Lichts, zur Reinigung durch Feuer und für die innere Wärme. Sie stehen für Brigids Flamme, die in den Herzen von Künstlern brennt.

Praktiken und Rituale

Suchen Sie alle neuen Kerzen in Ihrem Haus zusammen, dann kaufen Sie noch mehr für die folgenden Monate. Legen Sie sie bei Vollmond in das Mondlicht, damit sie die Magie des Mondes in sich aufnehmen. Wenn Sie möchten, reiben Sie die Kerzen am Morgen mit Lavendelöl ein und wickeln sie in ein sauberes Tuch.

Für ein Peeling, das der Göttin Brigid gewidmet ist, brauchen Sie zwei Tassen Gerstenmehl (oder Haferflocken), zwei Löffel Rosenblätter oder getrocknete Lavendelblüten, zwei Löffel Mandelöl und zwei Löffel weiße Tonerde (wenn Sie sie bekommen, sonst bereiten Sie das Peeling ohne zu). Vermischen Sie alles mit dem Mixer. Wenn Sie das Peeling anwenden möchten, geben Sie etwas lauwarmes Wasser hinein und massieren es in Ihr Gesicht.

Wenn Sie das Glück haben, dort zu wohnen, wo der Schnee noch sauber ist, holen sich eine Tasse voll davon. Mischen Sie ihn mit einer Tasse Olivenöl, um Schneeöl herzustellen, das auf Verbrennungen und Hautirritationen gerieben wird.

Bevor Sie zu Bett gehen, bereiten Sie sich eine Tasse Hafer- oder Reismilch mit viel Honig, Zimt und einer Prise Safran zu – eine fantastische Einschlafhilfe und ganz besondere Leckerei.

Stellen Sie in einen Raum Ihres Zuhauses viele Kerzen, zünden eine nach der anderen an und stellen sich so, dass Sie ihre Hitze spüren. Dann zünden Sie eine Kerze in der Mitte des Raums an, setzen sich neben sie und halten Ihre Hände um die Flamme. Danach legen Sie Ihre Hände auf den Boden und übertragen die Hitze. Stellen Sie sich vor, wie die Erde erwacht, mit grünem Gras, das den Frühling ankündigt.

Kaufen Sie Tulpenzwiebeln und pflanzen sie in einen Blumentopf – sie werden im Frühling blühen.

Streuen Sie grobes Salz zum Schutz in die Ecken Ihrer Räume und auf Ihre Türschwelle.

II

Der Windmond

Andere Namen sind
Energiemond, Saatmond
und Rabenmond.

Der Mond im März ist voller
Energie, frisch und aufgeladen
mit urtümlicher Stärke.

Zwei Kräfte treten im März gleichzeitig auf: Noch ist es nicht Frühling. Der Winter ist nicht vorüber. Draußen fällt die süße Wärme der Sonne auf den Boden, Grasbüschel färben sich von gelb zu grün, Knospen und Sprossen sind zu sehen. Das Leben erwacht zum Ende des Winters hin, der immer noch Stürme, kalte Winde und an manchem Morgen Frost auf die Felder schickt. Unter dem Einfluss des Windmondes im März kommen zwei Kräfte zusammen - die Ruhe und das Wiedererwachen, eine Phase, in der das eine aus dem anderen entsteht. Frühling ist nichts anderes als ein verwandelter Winter.

Wenn der Schnee zu Wasser schmilzt und in den Boden sickert, der dadurch weich und fruchtbar wird, dann ist die Saat bereit zu keimen. Samen und Knospen mögen fragil sein, aber sie besitzen die Stärke, sich den Weg durch den Boden zu bahnen, die Schichten über sich aufzubrechen und zu leben. Dieselbe Energie wohnt im Märzmond – wie der Wind, der sich nun von stark zu mild wandelt, vom Sturm zur abendlichen Brise, in der der Geruch von Frühling liegt. Wir können ihn noch nicht sehen, aber er ist da.

März ist der Monat des Widders, aggressiv und dynamisch. Und wie Mars, der Planet, der ihn beherrscht, verkündet er Lebenskraft und Energie. Dies ist ein keimender Mond, wie der junge, wilde Widder, und wie der Saft, der jetzt wieder durch die Pflanzen fließt, und das Chlorophyll, das die Blätter grün färbt und durch das ein lebendiger Energieaustausch möglich ist.

Es liegt viel Potenzial in den Knospen an den Zweigen der Bäume, im Zentrum der Knospe, in der leeren Stelle, die wächst, Form annimmt und zu einem Blatt wird, dann zu einer Pflanze und schließlich zu einem Baum. In der Phytotherapie werden jetzt Knospenextrakte hergestellt, der März ist ein wichtiger Monat zum Ernten und Aufsetzen der Knospen, aus denen die Heilmittel mit der vollen Kraft der jeweiligen Pflanzen gewonnen werden. Etwas Ähnliches geschieht auch mit unserem Herzen, wenn es im Frühling wiedererwacht: Es fängt an, schneller zu pochen, es schlägt in der warmen Sonne Wurzeln, langsam blüht es auf und öffnet sich wie ein Blatt.

Mondphasen

BEI NEUMOND im März ist es Zeit für eine gründliche Reinigung des Zuhauses. Der Frühjahrsputz in diesem Monat bringt frische Energie ins Haus und eine Erneuerung des Märzmondes. Öffnen Sie die Fenster, werfen Sie weg, was Sie nicht mehr brauchen und fangen Sie an, Ihren Garten aufzuräumen. Jetzt ist die beste Zeit, um sich um die Blumenbeete zu kümmern. Graben Sie Ihre Hände in die frische Erde des März und spüren Sie das Leben darin.

BEI ZUNEHMENDEM MOND im März suchen Sie das Saatgut aus, das Sie in Ihrem Garten oder in den Pflanzkübeln auf Ihrer Terrasse aussäen möchten. Jetzt sollten Sie darüber nachdenken, was Sie im folgenden Quartal angehen wollen. Schenken Sie Ihren Plänen dieselbe Aufmerksamkeit, die Sie Ihren geliebten Blumensamen zukommen lassen würden: Was brauchen sie, um zu keimen? Welche Ressourcen haben sie, um die letzten kalten Tage des Winters auszuhalten?

BEI VOLLMOND im März hören Sie auf den neuen Wind und basteln Sie ihm einen Talisman. Befestigen Sie Muscheln, Glöckchen und Federn mit einem Abstand von einem Zentimeter voneinander an einer farbigen Schnur. Als Halterung dient ein Stück Holz. Sie können Ihren Talisman beispielsweise in ein Fenster hängen und zuhören, wenn der Märzwind ihn zum Singen bringt. Das kleine Vollmondritual erhöht Ihre Offenheit für Neues und für Begegnungen – ohne Angst, sondern mit Leichtigkeit und Verspieltheit. Der kühle Frühlingswind spricht zu Ihnen und Ihren Projekten und haucht ihnen Leben ein.

BEI ABNEHMENDEM MOND im März begeben Sie sich in die Hände des Windes, dem Sie im letzten Monat zugehört haben. Lassen Sie ihn Ihre Ängste davontragen und sich von Ihren Sorgen befreien. Lernen Sie loszulassen und es gut sein zu lassen. Öffnen Sie ab und an die Arme und lassen sich von der Luft umarmen, sich von ihr hochheben und sich ins Gedächtnis rufen, dass Sie Flügel haben. Achten Sie auf die Veränderungen, die der Märzwind häufig bringt. Beginnen Sie einen neuen Lebenskreis. Schmeißen Sie Altlasten weg, wenn sie zu schwer und nutzlos werden. Vertrauen Sie sie dem Wind an.

Pflanze

Die Brennnessel ist die Pflanze, die am besten die wesentliche Botschaft des Mondes der Winde verdeutlicht. Eine einfache Pflanze, deren Hauptmerkmal ihre Fähigkeit zu stechen ist. Sie erkennen sie, wenn Sie sie berühren, denn sie reizt Ihre Haut. An den Unterseiten ihrer Blätter befinden sich mikroskopisch kleine Härchen, die Trichome, die bei Kontakt abbrechen und Ameisensäure, Histamin und Acetylcholin abgeben. Brennnesseln verteidigen und offenbaren sich zur selben Zeit. Wenn sie sich beim Stechen zeigen, erteilen sie Ihnen gleichzeitig eine Lektion über einzuhaltende Grenzen, wie sie respektiert werden und wie Sie selbst anderen zeigen, Ihre Grenzen zu respektieren.

Die Brennnessel ist eine kleine grüne Kriegerin, sie wird mit Mars assoziiert, nicht nur wegen ihrer Liebe zu Eisen (sie wächst in eisenhaltigem Boden und zeigt verlässlich den Eisengehalt an), sondern auch für ihre Verbindung zu Blut. Sie kann das Blut verbessern und die Bildung von Ferritin anregen und hilft so bei Anämie. Sie hat einen ausgeprägten Gehalt an Chlorophyll, Eisen, Schwefel und Kieselsäure. Sie in den Speiseplan zu integrieren, lohnt sich.

In Hans Christian Andersens Märchen *Die Wilden Schwäne* muss Prinzessin Elisa elf Hemden aus Nesseln stricken, um ihre Brüder von einem Fluch zu erlösen, der sie in Schwäne verwandelte. Eins der Hemden blieb unvollendet, so dass der letzte Bruder, der wieder zum Mann wurde, einen Flügel statt eines Armes behielt. Die Stimme der Nesseln animiert uns, die Menschen so zu sehen, wie sie wirklich sind. In seiner Verschiedenheit und Einzigartigkeit ist jeder ganz besonders.

Die Botschaft der Nessel ist „Schauen Sie genau hin, jeder ist einzigartig“. Auf den ersten Blick scheint sie eine gewöhnliche Pflanze zu sein, aber der zweite Blick oder eine Berührung zeigen, wie speziell sie ist. Sie drängt Sie, sich zu fragen „Welche Besonderheit sehe ich in anderen? Was ist für mich nicht zu sehen? Wie kann ich meine Einzigartigkeit zu einer Ressource machen?“

Brennnessel

Urtica dioica

III

37

III

38

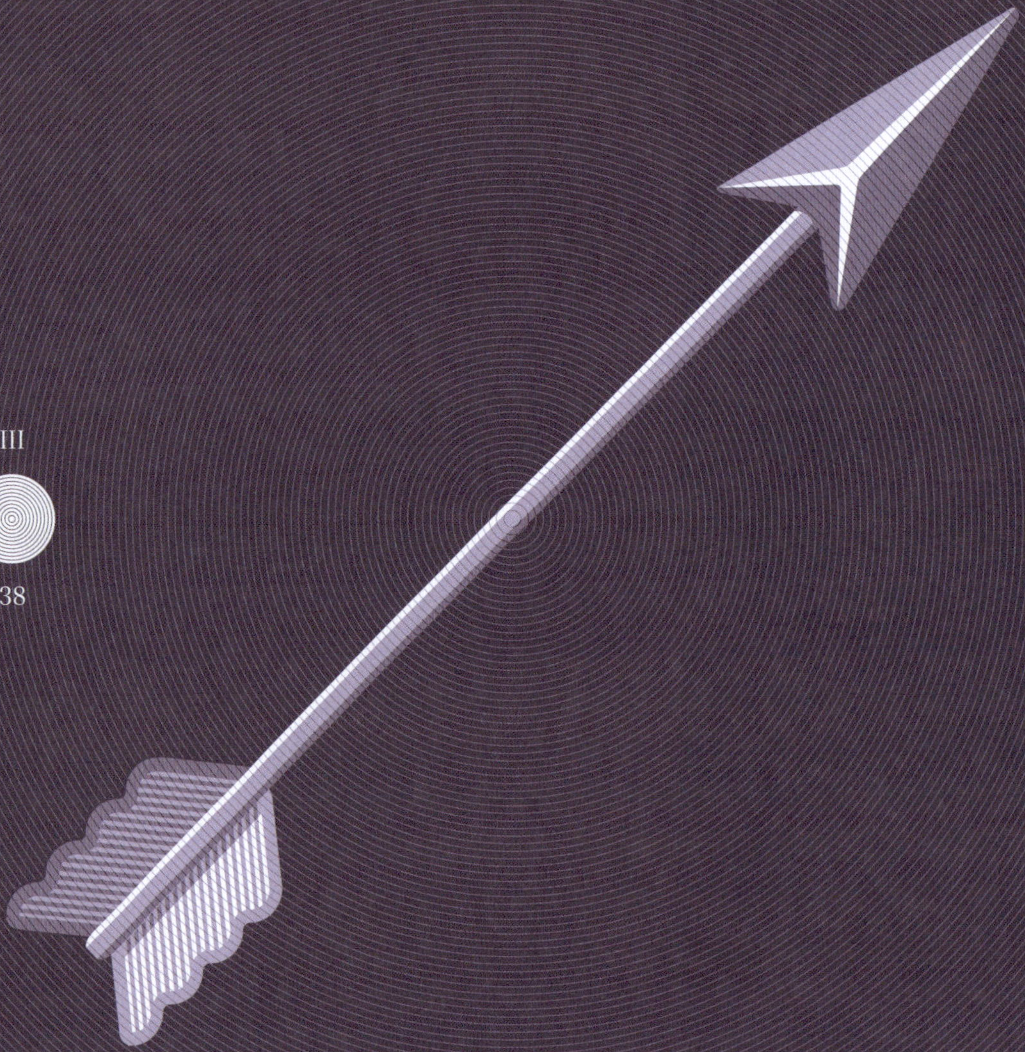

Symbole

SAMEN

Das Samenkorn, eins der wichtigsten Symbole dieses Mondes, ist gleichzeitig stark und schwach. Diese Lebenskraft des Samenkorns, das keimt, durch die Erde und seine Hülle bricht, damit die Verwandlung stattfinden kann und neues Leben entsteht! Ein Samenkorn weiß, wann es Zeit zum Keimen ist. Es kann jahrelang schlafen und erst erwachen, wenn die Bedingungen günstig sind. Das Samenkorn ist der Zellkern jedes Projektes.

GRÜN

Diesem Mond ist die Farbe Grün zugeordnet: das zarte Grün der Triebe, die ersten Grasbüschel und die Blatttriebe an den Bäumen. Grün wie das pulsierende Leben, das wieder erwacht und vorangeht.

DER KAISER

Die Tarotkarte dieses Mondes ist der Kaiser, der zwar auf seinem Thron sitzt, aber jederzeit bereit ist, aufzuspringen und aktiv zu werden. Er ist ein Beschützer. Ähnlich wie die Brennnessel achtet er auf gesunde Grenzen, in denen Ihre einzigartige Natur voll erblühen kann.

ARTEMIS

Die Göttin, die mit dem Windmond verbunden ist, ist Artemis (oder Diana), Göttin der Wälder, Herrscherin des unbeugsamen Willens jeder Frau. Sie beschützt die Schwesternschaft, ihr Pfeil ist das Symbol unserer Lebenskraft, mit der wir uns unserem wilden Geist widmen und unseren Projekten, damit wir bestimmen, wer wir sind, damit wir werden, wer wir sind.

VEILCHEN UND PFINGSTROSEN

Die Blumen, die diese Zeit des Jahres am besten charakterisieren, sind die, die sich zuerst zeigen – das etwas schüchterne Veilchen und die Pfingstrose, die extrovertierter ist. Mit beiden lässt es sich sehr gut dekorieren oder Gerichte und Getränke aromatisieren. Es heißt, wenn man eine Pfingstrose isst, kann man Feen sehen. Man muss es wohl ausprobieren, um es zu glauben.

Praktiken und Rituale

Wählen Sie die Blumen für Ihre Kübel aus: Ringelblumen, Pfingstrosen, Mohn, Gänseblümchen und viele Wildblumen werden jetzt gesät oder gepflanzt. Schreiben Sie in Stichworten auf, was Sie gerne in den folgenden Monaten erledigen möchten. Begraben Sie die Liste, wenn Sie das Saatgut ausbringen und kümmern sich gut um Ihre Pflanzen.

Lassen Sie die Samen bei sich zu Hause keimen. Aus Glas- oder wiederverwendeten Behältern lassen sich Keimboxen selbstmachen. Kaufen Sie Samen, aus denen Sprossen wachsen, die Sie essen können.

Schreiben Sie ein Gedicht oder ein Lied, um die Samen zu segnen, die Sie in Ihrem Garten oder auf Ihrer Terrasse säen wollen.

Zünden Sie zu Hause eine hellgrüne Kerze an und verdunsten ätherische Öle von Zitrone, Salbei oder Melisse, um abgestandene Energie zu vertreiben.

Beim Frühjahrsputz fegen Sie mit einem Besen negative Energie von Ihren Fenstern und Türen. Dabei stellen Sie sich vor, wie sich ein schwarzer Nebel hebt und fortschwebt. Beim Fegen sagen Sie der Energie, dass sie verschwinden muss.

Folgen Sie der Natur des Widders und wählen ein Projekt aus, das Sie angehen wollen oder geben Sie neue Energie in etwas, das Sie vorübergehend stillgelegt hatten. Tanzen Sie, entzünden Sie Räucherwerk, denken Sie sich Songs und Schlaflieder für Ihre keimenden Pflanzen aus.

Nehmen Sie einen Hut, der Ihnen gefällt und schmücken ihn mit Wildblumen, wie Anne auf Green Gables es tat.

Geben Sie Pfingstrosen, Veilchen und andere essbare Blüten in Ihre Getränke.

Denken Sie daran, den Boden zu berühren, den Wind zu atmen und sich von der Frühlingssonne liebkosen zu lassen.

Lucy Liu

Song: Luis Bacalov, *The Grand Duel – Teil Eins* (aus dem Album *Kill Bill Vol. 1. Original Soundtrack*, 2003)

Pop-Ikone

Lucy Liu. Ihr Name allein reicht, um dank einer ihrer berühmtesten Rollen, der O-Ren Ishii in Quentin Tarantinos *Kill Bill Volume 1* Bilder einer Kriegerin heraufzubeschwören. Sie ist Amerikanerin thailändischer Abstammung und strahlt Stärke und Verwundbarkeit aus, genau wie die Energie des Mondes in diesem Monat ist. Schutz, Verletzlichkeit, Stärke und Diskretion sind die Worte, die einem einfallen, wenn wir an das Leben dieser Künstlerin denken, die nicht nur Schauspielerin ist, berühmt für *Kill Bill* und für Ihre Rolle in der TV-Serie *Ally McBeal*, sondern auch Malerin und bildende Künstlerin unter ihrem chinesischen Namen Yu Ling.

Ihre Kunst wird international ausgestellt, sie umfasst Malerei, Fotografie und Collage, eine Technik, der sie seit ihrer Kindheit nachgeht. Ihr Ressourcenreichtum ist faszinierend, sie ist ein wahres Multitalent. Gleichzeitig ist sie sehr zurückgezogen. Es ist, als ob die Stärke, die von ihr ausgeht, durch sie hindurchgeht, hinter ihr Gestalt und Persönlichkeit annimmt und zum Gipfel des Projekts erscheint.

Das gleiche geschieht mit den Energien des Mondes der Winde, die gleichzeitig Krieger und Kind sind. Dieser Mond sagt uns, dass unser Kampf nicht aggressiv sein muss, dass in einem wachsenden Trieb, in einem Kunstwerk oder einer Wiese im Frühling viel Stärke und Kraft liegt. Er erinnert an die sanfte und reservierte, aber hartnäckige Stärke derer, die für ihre eigene einzigartige Botschaft einen einsamen Weg nehmen.

Dieser Mond kann Sie inspirieren, wenn Sie es schaffen, eine harmonische Balance zwischen aggressiven und verletzlichen Energien zu halten und in der Entschlossenheit, die jeder Sehnsucht innewohnt, die nicht nur durch Magie umgesetzt wird, sondern hauptsächlich durch Mühe, Arbeit und Zielgerichtetheit. Lucy Liu lässt ihre Energie in ihre Kunst und ihre oft unkonventionellen Entscheidungen fließen. In ihr und im Windmond erkenne ich die Schönheit der Stärke, der Sensibilität und einer Leidenschaft, die, anstatt zu verglühen, immer heller scheint – mit Beharrlichkeit und einer Ganzheit wie die eines wachsenden Grashalms.

Der Wachsende Mond

Andere Namen sind Hasenmond und Mond der Baumknospen.

Dieser Mond wird mit allem assoziiert, das wächst und sich öffnet, wie eine blühende Blume.

Der Mond im April ist die Verkörperung des Frühlings. Er steht für eine Zeit des Wachstums, der Nahrung und der Fruchtbarkeit. Die Sonne erwacht im April vollends und vertreibt die Härte des Winters. Im April möchten wir barfuß über das erste Gras laufen, umgeben von frischen Blättern, Blumen – der ganzen Natur.

Der April weckt in uns den Drang, unsere Hände tief in die Erde zu graben, mit der Gartenarbeit zu beginnen, den Boden vorzubereiten und zu düngen und nach den Samen zu sehen, die wir im März gepflanzt haben. Der Kontakt mit der Natur ist spontan. So, wie die Pflanzen unaufgeregt in einem Akt der Notwendigkeit wachsen, so fühlen wir das Bedürfnis, rauszugehen und mit Bäumen, Blumen und Tieren in Kontakt zu treten und unsere wilde Seite zu befreien.

Der Frühling und der Aprilmond werden mit der Jungfräulichkeit assoziiert und tatsächlich steht die Dreifachgöttin der neuheidnischen Symbolik für die drei Lebensphasen: Jungfrau, Mutter und Greisin. Der Frühling ist Botticellis *Venus*, Aphrodite, die aus dem Meeresschaum geboren wird. Sie erinnert mich an die Kaiserin im Wildwood Tarot, die alles, was sie berührt, verändert und ihm neues Leben schenkt. Ihre Zunge besteht aus Blättern, die schnell wie der Wind wachsen, wie die Blätter an den Bäumen zu dieser Zeit.

Der Mond im April repräsentiert ungezügeltes Wachstum, wie es in einigen Ecken meines Gartens stattfindet. Ich mag es, wenn mein Garten nicht zu ordentlich ist. Ich habe mir (und den Feen, die in der Nähe leben) versprochen, dass ich immer eine Stelle frei, unaufgeräumt und unbebaut lasse. Beifuß, Disteln, wilde Minze, Clematis, Löwenzahn und Schafgarbe wachsen dort. Jedes Jahr entdecke ich neue Pflanzen zwischen ihnen. Platz für wildes Wachstum zu lassen, lässt eine Balance zwischen Chaos und Ordnung entstehen, zwischen Betrachten und Handeln. Und so ist der Mond im April der Wachsende Mond: Er lehrt uns, Teil dieses Prozesses zu sein und es zu genießen, ob im Wald oder im Garten, ob auf der Terrasse oder dem Fensterbrett!

Mondphasen

BEI NEUMOND im April machen Sie sich bereit, zu empfangen. Wachstum ist ein Prozess, für den auch Pausen wichtig sind, die sich nach der Umgebung richten. Empfangen, zuhören und beobachten sind genauso wichtig wie düngen und anbauen. Nutzen Sie die Nacht des Neumonds zum Zuhören, zur Meditation und zum Atmen. Konzentrieren Sie sich jetzt auf die Wurzeln Ihrer Träume und erinnern sich, dass sie umsorgt werden müssen, damit sie stark werden.

BEI ZUNEHMENDEM MOND im April konzentrieren Sie sich auf Ihren Fortschritt und die weitere Entwicklung Ihrer Projekte: Was haben Sie bisher erreicht? Wo stehen Sie jetzt und was bleibt zu tun? Kaufen Sie Pflanzendünger als Nahrung für Ihre grünen Freunde, erlauben Sie es sich, barfuß über eine Wiese zu laufen, pflücken Sie ein paar Blumen und nehmen sie mit nach Hause und legen Sie Geschenke für die Feen in den Gärten (auch in öffentlichen Blumenbeeten!) aus. Jetzt ist der ideale Zeitpunkt, sich Ihrem Garten zu widmen, vergleichen Sie ihn nicht mit anderen Gärten und fokussieren Sie sich auf Ihr persönliches Wachstum.

BEI VOLLMOND im April bearbeiten Sie Ihre unkompliziertesten Projekte. Wenn Sie etwas zu erledigen haben, tun Sie es jetzt und seien Sie durch die Energie des Mondes produktiv und dynamisch. Gehen Sie, wenn möglich, in einen Garten und legen dort einen Kreis aus frisch gepflückten Wildblumen oder nehmen sie welche von Ihrer Terrasse. Stellen Sie sich in die Mitte des Kreises und lassen Sie seine sanfte Stärke regenerierend auf Sie wirken, während Ihr Blick auf dem Mond ruht. Richten Sie Ihre Aufmerksamkeit auf Ihren Körper, Ihrem heiligen Tempel, und feiern ihn. Denken Sie daran, dass wer Sie sind, der Ausgangspunkt für alle Projekte und deren Entwicklung ist.

BEI ABNEHMENDEM MOND im April überlegen Sie, was Sie brauchen, um zu wachsen und was Sie daran hindert. Führen Sie eine Bestandsaufnahme durch und treffen Entscheidungen, die Sie entlasten und Ihren Weg frei machen. Welche Hürden lassen sich zu Chancen wandeln und welche können Sie einfach umgehen?

Pflanze

Alles am Löwenzahn steht für Wachstum, angefangen bei seiner Wurzel, die die Tiefen der Erde erkundet, bis zu seiner leuchtenden Blüte, die uns an die Aprilsonne erinnert und vor allem zu seinen geflügelten Samen, die aus seinen seltsamen Kelchblättern, dem Pappus, wachsen und die auf den Schwingen des Windes und der Sehnsucht schweben. Löwenzahn wächst sogar in Rissen im Beton, zwischen Treppenstufen oder im Asphalt. Wachstum, Optimismus und Beharrlichkeit sind die Schlüsselwörter für diese Pflanze.

Eine andere Eigenschaft der Pflanze ist der Polymorphismus der Blätter, das bedeutet, dass nicht alle Löwenzahnpflanzen dieselben Blätter haben. Es gibt sie in vielen Formen und Größen. Der Löwenzahn mag Experimente!

Löwenzahn wirkt auf die Verdauung und ist harntreibend, eine gute Allround-Kur im Frühling zur Erneuerung des Bluts und Entschlackung der Leber. Er entgiftet unseren Körper und verscheucht die Reste des Winters. Geben Sie zarte Blätter in Ihren Salat und dekorieren Sie Ihre Speisen mit Blüten. Sie können die Blütenknospen auch einlegen, um leckere Löwenzahnkapern daraus zu machen. Aus den Blüten und Zucker lässt sich ein goldgelber Sirup herstellen, der lecker und reinigend ist.

Der Löwenzahn ist sehr anpassungsfähig. Er blüht sogar auf Flächen weiter, die häufig gemäht werden, weil er seine Höhe so angleicht, dass ihn die Messer des Rasenmähers nicht erwischen. Die Botschaft des Löwenzahns liegt in seiner Hartnäckigkeit, die aber nicht um jeden Preis gegenhält, sondern vielmehr verstehen möchte, welche kleinen Veränderungen Sie machen können und lernt, wie man zwischen dem unterscheidet, was schwierig und möglich ist und dem, was ungesund für die Seele ist.

Vergessen Sie nicht, jeden Löwenzahn, den Sie sehen, anzulächeln, er wird zurücklächeln!

Löwenzahn

Taraxacum officinalis

IV

IV

Symbole

HASE

Der Hase wird wegen seiner Fruchtbarkeit und wegen seiner Schnelligkeit mit dem Aprilmond assoziiert, er ist so flink und spontan wie die Blätter, Pflanzen und Knospen, die jetzt wachsen.

EI

Das Ei ist eins der Hauptsymbole des Frühlings. Es steht für den Beginn, die Geburt, dafür, dass die aufplatzende Schale den Weg für neues Leben freimacht. In Ostereiern finden wir Überraschungen, die uns an den Geist des Aprilmondes erinnern, verspielt und unberechenbar.

GELB UND PINK

Die Farben des Mondes sind Gelb, wie die erste Sonne im April und wie die Löwenzahnblüte (nach der Signaturenlehre ist Gelb außerdem der Leber und ihrer Reinigung zugeordnet) und Pink, das zart und sinnlich wie Aphrodite ist.

DIE KAISERIN

Die Tarotkarte, die mit diesem Mond assoziiert wird, ist ohne Frage die Kaiserin. Im Kartenspiel trägt sie die Nummer III und steht für Schöpfung, Chaos und eine bisweilen unkontrollierte Lebenskraft und den liebevollen Stups, der in jeder blühenden Blume und jedem Trieb steckt, der im fruchtbaren Boden wächst.

FEEN

Das Kleine Volk ist mit dem April und dessen wilder Seite verbunden. Es heißt, dass Feen in naturnahen Gärten wohnen, deshalb sollten wir immer ein kleines Stück unseres Gartens (oder einen Blumenkübel auf unserer Terrasse) sich selbst überlassen, damit die Feen sich darin wohlfühlen.

Praktiken und Rituale

Stellen Sie Samenbomben her! Dafür mischen Sie einen Teil grüne Tonerde und einen Teil Erde mit den Samen der Blumen, die Sie lieben, und geben etwas Wasser hinzu. Daraus formen Sie kleine Kugeln und werfen sie, wenn sie getrocknet sind, in Gärten, Parks und Blumenbeete.

Wenn Sie einen Löwenzahn sehen, schauen Sie ihn sich genau an und überlegen, ob er sich in die Höhe oder Breite entwickelt hat. Wie sehen seine Blätter aus? Wie ist die Erde beschaffen, in der er wächst? Fragen Sie sich, was Sie aus seinem Verhalten und Ihren Beobachtungen lernen können.

Kaufen Sie sich einen Blumenstrauß für zu Hause und feiern Sie den Frühling.

Setzen Sie essbare Wildkräuter auf Ihren Speiseplan (nur welche, von denen Sie wissen, dass sie harmlos sind), geben Sie frische Blüten in Ihren Salat und Rosenknospen in Ihren Tee.

Für einen Veilchen-Sirup pflücken Sie die Blüten und geben sie für zwei Stunden in einen Krug mit kaltem Wasser. Filtern Sie den Aufguss und erhitzen ihn über einem Feuer, bis er um die Hälfte reduziert ist. Dann fügen Sie ein, zwei Teelöffel Honig hinzu und die gleiche Menge Brandy, um den Sirup haltbar zu machen. Er hilft bei Husten, aber auch dabei, die Sichtweise zu erweitern und das Herz zu heilen.

Gehen Sie zu einem Baum und umarmen ihn. Wenn seine Äste stark genug sind, klettern Sie hinauf.

Hinterlassen Sie dem Kleinen Volk im Park Geschenke, wie kleine Glöckchen, Schmuckbänder an Bäumen, Honig und Trockenobst.

Denken Sie daran, dass Sie, um zu wachsen, auch beobachten, warten und sich anpassen müssen. Halten Sie in einem Büchlein den Fortschritt Ihrer Projekte fest. Feiern Sie jedes Mal, wenn Sie ein Ziel erreichen, Ihren Erfolg.

Der Doppelmond

Andere Namen
sind Pärchenmond,
Blütenmond und Mond
der Rückkehr der Frösche.

Dies ist der Mond der Offenheit
und der Begegnungen.

Im Mai sollten Sie draußen durch den Regen aus Blütenblättern laufen oder einen Baum entdecken, der am Tag zuvor noch kahl war und über Nacht erblüht ist, oder einen Geruch wahrnehmen, der Sie nach Hause versetzt, in Ihr Herz – für mich ist das der Duft der Rosen, die beim Nachbarn wachsen.

Mai ist der Monat der Empfänglichkeit, unsere Körper reagieren auf das Licht, auf die bunten Blüten, auf die Weichheit der Blütenblätter und die große Sehnsucht, sich zu öffnen. Atmen Sie tief, weiten Sie Ihre Brust und machen aus Ihrem Herzen einen Ort des Willkommens, an dem Sie die Herzen anderer Menschen treffen können.

Traditionell wurde am 1. Mai Beltane gefeiert, das seinen Namen von dem keltischen Gott Belenos oder Belenus ableitet, dem Gott des Lichts, des Feuers und der Sonne. Ihm zu Ehren, aber auch für die Liebe und Fruchtbarkeit, wurden Nachtfeuer entzündet. Dies ist eine Zeit der Freude und des Austausches, die Zeit, auf die eigenen Sinne zu achten. Mit der Energie des Mondes sind wir bereit, der Liebe zu begegnen. Der Mai ist der ideale Monat, um die Liebe zu erforschen, einschließlich der Selbstliebe – eine Liebe, die die Welt retten kann. Fokussieren Sie sich auf Ihren Körper, sorgen Sie für Genuss, hören Sie auf ihn und lassen Sie sich vom Gefühl und nicht von der Vernunft leiten. Unter dem Licht des Maimondes verlieben wir uns, in uns selbst oder vielleicht in jemand anderen.

Der Maibaum steht für den Bund zwischen dem Sonnengott und dem Erdgott. Er wurde mit einem Tanz gesegnet, bei dem die Tänzer rote und weiße Bänder hielten, die an der Stange befestigt waren als Symbol dafür, wie die Kräfte von Leben und Tod verwoben sind, damit neues Leben entsteht. Nach dem Tanz sprangen die Menschen über ein Feuer, um ihren Segen zu erhalten. In der Nacht trafen sich Paare in Wäldern, um die herum Lagerfeuer brannten, um sich zu lieben und das heilige Band zwischen Himmel und Erde zu beschwören, das sie durch ihre Freuden feierten.

Mondphasen

BEI NEUMOND im Mai können Sie Beziehungen beenden, die Ihnen nichts mehr geben oder die toxisch geworden sind. Ob Ex-Partner, Arbeitskolleginnen oder Freundinnen, bei denen sich herausstellte, dass sie keine sind – nutzen Sie die Energie dieses Mondes, um die Verbindungen zu kappen und auch innerlich mit ihnen abzuschließen. Wenden Sie Zeit und Energie auf Beziehungen auf, die Ihnen guttun. Das ist Teil der Selbstpflege und ein Akt notwendiger Liebe.

BEI ZUNEHMENDEM MOND im Mai widmen Sie sich den Beziehungen, die jetzt keimen und die Sie mit kleinen Gesten, Nettigkeiten und einem Lächeln kultivieren möchten. Gibt es eine Person, die Sie mögen, die Sie aber nicht gut kennen, ist nun die geeignete Zeit, sie auf einen Drink einzuladen oder zu einem Spaziergang oder einfach auf ein Gespräch. Dies ist der Moment, denjenigen, die Ihnen ein gutes Gefühl geben, Ihre Liebe zu schenken und den Beziehungen Vorrang zu geben, die weiterhin knospen und Ihnen in den nächsten Monaten beim Wachsen zuzusehen.

BEI VOLLMOND im Mai feiern Sie den Reichtum in Ihrem Leben und die Liebe, die Sie umgibt. Sie sind von Menschen umgeben, von denen Sie geliebt werden. Es ist nie zu spät, ihnen Ihre Liebe, Dankbarkeit und Freude zu zeigen. Nehmen Sie sich Zeit für die, die Ihnen wichtig sind, für Ihre beste Freundin und die, die Sie lieben. Zeigen Sie Ihre Leidenschaft für die Dinge, die Sie lieben und nähren Sie diese Flamme.

BEI ABNEHMENDEM MOND im Mai spüren Sie Ihre innere Wärme und nehmen Sie sich die Zeit, sich in sich selbst zu verlieben. Bereiten Sie für sich ein wunderbares Essen bei Kerzenschein und verbringen Zeit mit sich, um herauszufinden, was Sie gerne machen und dann machen Sie es! Geben Sie sich der Liebe und der Freude hin.

Pflanze

Seit alters her werden Rosen für medizinische und kosmetische Zwecke eingesetzt. Dioskurides war ein Arzt und Botaniker im alten Griechenland. Er bezeichnete die Rose als ein Mittel, das kühlt und zusammenzieht, Eigenschaften, wegen derer sie auch heute noch verwendet wird. In der ayurvedischen Medizin beruhigt die Rose auf sanfte Art und versorgt mit Liebreiz, ihre Wirkung ist gleichzeitig belebend und beruhigend. Die Rose stärkt das Herz, verleiht Mut mit Sanftheit und fördert mentale sowie spirituelle Klarheit.

Die Rose wird mit Venus und Mars assoziiert – und natürlich mit der Liebe, die sie seit Langem symbolisiert. Mit ihren Dornen, die dem Gott Mars heilig sind, schützt sie sich und lehrt uns, dass gesunde Liebe nur existieren kann, wenn man die persönlichen Grenzen und die Individualität verteidigt. Zu lieben bedeutet, dicht neben jemandem zu fliegen, aber die eigene Richtung beizubehalten, ohne jemals die eigene Persönlichkeit, die eigenen Bedürfnisse und, am wichtigsten, die Selbstliebe zu verlieren. Die Blüte der Rose ist ein Heiligtum der Venus und steht für reine Freude, Sanftheit und Üppigkeit. Der Rose werden aphrodisierende Eigenschaften nachgesagt. Sie findet Verwendung in viele Elixieren, Likören und Liebestränken.

Die Rose ist Hüterin der Tore zu unserem Herzen, ihre Energie ist von Offenheit geprägt. Ihr Anfang ist wie die Mitte der Knospen und öffnet sich wie ein verliebtes Herz. Wie alle aphrodisierenden Pflanzen verfügt sie über eine entspannende, nährende Wirkkraft, in perfekter Harmonie mit dem Einfluss von Venus. Sie wird assoziiert mit dem Konzept von Schönheit und wird Cremes, Gesichtstonika, Parfümen und Ölen beigemischt.

Die Rose trägt eine doppelte Botschaft: „Lieben und verteidigen Sie.“ Die Rose, zu deren Natur Dornen und Blüten gehören, bittet uns, unser ganzes Selbst zu lieben, so, wie wir sind, alles von uns. Sie fordert uns auf, unsere Dornen mit Stolz zu tragen und unser Herz so weit zu öffnen, wie wir möchten.

Rose

Rosa gallica, Rosa damascena, Rosa centifolia

V

59

V

60

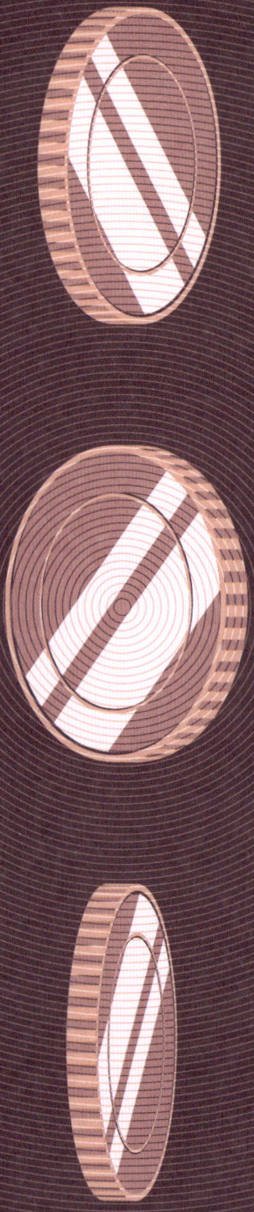

Symbole

BÄNDER

Bunte Bänder, am besten aus Satin, werden diesem Mond zugeordnet, teils aufgrund ihrer Verwendung beim Maibaum, teils weil sie für das Handfasting benutzt wurden, dem heidnischen Ritual, bei dem die Hände des Brautpaars mit Bändern zusammengebunden werden. Idealerweise fällt das Handfasting in diese Zeit.

WEIßDORN

Weißdorn ist ein magischer Baum, der jetzt blüht. Er wird mit dem Herzen assoziiert, weil er eine ausgleichende Wirkung auf den Herzrhythmus und auf den Blutdruck hat, aber auch wegen seiner Verbundenheit mit dem Kleinen Volk und seinem zauberhaften Reich, das nun die Wiederkehr des Lichts feiert. Wie die Rose hat auch der Weißdorn Dornen und schöne Blüten.

BLÜTENKRÄNZE

Während des Beltane-Rituals trugen die Menschen Blütenkränze mit Bändern, um die Gesamtheit der Natur, der Blumen, der Farben und der Freude in diesem Monat zu feiern.

DIE LIEBENDEN

Die Tarotkarte, die mit diesem Mond assoziiert wird, zeigt die Liebenden: eine Begegnung, eine Entscheidung. Die Karte besitzt eine duale Natur, so wie dieser Mond: Wenn wir uns treffen, müssen wir uns immer entscheiden und die Person, die wir sind, mit der Person zu vergleichen, die wir werden möchten.

GOLD

Die zu diesem Mond gehörende Farbe ist Gold, die Farbe des Lichts und der Sonne an ihrem höchsten Punkt, des Feuerscheins und der Üppigkeit. Auch Goldmünzen werden mit diesem Mond assoziiert. Sie symbolisieren Wohlstand und Dankbarkeit für alles, was existiert.

Praktiken und Rituale

Sammeln Sie Rosenblätter und verstreuen sie auf der Türschwelle der Person, die Sie lieben, als Überraschung beim Nachhausekommen. Das wiederholen Sie auf Ihrer eigenen Schwelle, damit nur noch die Liebe eintreten kann.

Flechten Sie einen Kranz aus Blüten, die Sie wildwachsend gepflückt haben und lassen ihn trocknen. An Mittsommer können Sie ihn ins Feuer werfen, um seine Energie freizulassen.

Gehen Sie tanzen oder, wenn Sie nicht so gerne in Discos gehen, erstellen Sie sich eine Playlist mit Lieblingssongs und tanzen danach völlig losgelöst in Ihrem Lieblingszimmer!

Denken Sie sich eine Segnung für Ihre Lieblingsgerätschaften aus. Dieser Mond beschützt und fördert Kreativität, daher ist jetzt die ideale Zeit, um Notebooks, Bürsten oder Küchengeräte zu segnen.

Mischen Sie Rosenblüten unter Ihren Jahreszeiten-Salat.

Suchen Sie einen Weißdorn und verbringen Sie Zeit mit ihm. Verbinden Sie sich mit den zauberhaften Geistern.

Kümmern Sie sich um Ihren Körper, lieben Sie ihn, wie er ist. Gönnen Sie sich selbst eine Schönheitsbehandlung – eine Massage mit Duftöl oder ein Peeling mit Rosenblüten.

Hängen Sie ein Kristallprisma in Ihr Fenster und lassen Sie Regenbogen durch Ihr Zuhause tanzen.

Schreiben Sie auf, welche Check-Ups für Sie anstehen, denn Vorsorge ist eine der besten Methoden, wirklich gut für sich zu sorgen.

Schreiben Sie einen Liebesbrief an die Person, die Sie in fünf Jahren sein wollen. Dann schreiben Sie einen weiteren an Ihr Selbst vor fünf Jahren. Stecken Sie sie jeweils mit Rosenblüten in getrennte Umschläge.

David Bowie

Song: *Starman* (aus dem Album*The Rise and Fall of Ziggy Stardust and the Spiders from Mars*, 1972)

Pop-Ikone

Als Kind traf ich David Bowie auf der Straße. Er war in unserer Stadt, um ein Konzert zu geben. Ich rannte in ihn und seine Frau Imam (und ihre Bodyguards) hinein. Was mir am stärksten in Erinnerung daran geblieben ist, außer der Aufregung darüber, ihn abends in dem Konzert zu sehen, war das Licht. Er glitzerte, als ob ihn etwas Magisches umspielen würde. Es muss Licht gewesen sein, ich bin mir sicher.

So wie Belenus, kam auch David Bowie aus dem Feuer, aus einem Blitz, der seine kreative Kraft symbolisiert und in seinem bemerkenswerten Make-up auftauchte.

Als Robert David Jones geboren, wurde er zu einem unglaublichen Künstler mit vielen Facetten, der sich selbst im Verlauf seiner Karriere viele Male neu erfand. Er beherrschte mehrere Musikinstrumente, malte, schauspielerte und konnte seine Leidenschaft durch alles, was er tat und ausprobierte, transportieren. Seine Kostüme waren Meisterwerke, ein berühmtes designte Kansai Yamamoto für ihn. Er war sogar die Inspiration für ein Tarotspiel, das Davide De Angelis zeichnete und produzierte.

Das Licht des Doppelmondes scheint in ihm. Dieser Mond verleiht Ihrer Leidenschaft neue Inspiration und erinnert uns daran, dass die Magie ein Akt ist, für den wir unseren Willen und unsere Offenheit für Gelegenheiten brauchen.

Wie die Rose und der Geist dieses Mondes ist David Bowie sowohl Blume als auch Dorn, eine Demonstration, dass alles möglich ist, welches der Untertitel des Films *Die Reise ins Labyrinth* ist, in dem er den Koboldkönig spielte.

Dieser Mond erinnert uns mehr als alle anderen daran, dass es sowohl Schatten als auch Licht gibt, dass Geburt und Tod nicht weit voneinander entfernt sind, dass uns die Leidenschaft genauso wie der Polarstern immer nach Hause zu unseren Herzen leiten kann.

Der Honigmond

Andere Namen sind
Rosamond, Sonnenmond
und Erdbeermond.

Der Mond im Juni ist
expansiv, seine Energie ist
die des Mittsommers und der
Sonnenwende, dem längsten
Tag des Jahres.

Wenn ich an den Juni denke, kommt mir das herrliche Gemälde *Flammender Juni* von Frederic Leighton in den Sinn. Darin sieht man ein Mädchen in einem leuchtend orangen Kleid, das sich in einen Sessel fläzt und ruht. Trotz der scheinbaren Ruhe lässt sich die Stärke dieses Monats spüren und der Mond ist sein Ausdruck, die Schönheit dessen, einfach da zu sein, der Offenheit und des Entdeckens. Nach dem Frühling mit seinem bebenden, vibrierenden Leben und seinem Fokus aufs Wachstum erlaubt uns dieser Mond und der Beginn des Sommers, uns auszuruhen, zu beobachten, wahrzunehmen, was wir haben und es in vollen Zügen zu genießen. Jetzt ist die richtige Zeit, um vom *Was könnte sein* des Frühlings zum *im Hier und Jetzt sein* des Sommers zu wechseln.

Im Juni erreichen die medizinischen Kräuter ihre höchste Wirksamkeit. Für alle Kräuter ist der Sommer die balsamische Zeit, wenn die Konzentration ihrer aktiven Substanzen am höchsten ist, speziell um Mittsommer und die Sonnenwende herum, vom 21. bis 24. Juni. Und wie die Kräuter nutzen auch wir die Zeit im Sommer, um unsere Projekte und Pläne durchzuführen, die wir uns im Frühling ausgedacht haben. Wir entdecken unsere Verbindung zu der alltäglichen Magie des Lichts und der Macht von Feuer und Liebe.

Der Mond im Juni verbindet uns mit dem Element Feuer und mit dem Licht. Die Tage werden länger und wir haben Zeit, mit unserem Wissen zu experimentieren, etwas zu wagen und aktiv zu werden. Dies ist die Zeit für Erkundungen. Wir wollen uns immer draußen aufhalten, verführt von den Düften, den Blumen und den Schmetterlingen, die von Blüte zu Blüte flattern. Es ist die Zeit der Suche und Offenheit für Neues und Unbekanntes. Dieser Monat, für den die Sonne und die Wärme kennzeichnend ist, lädt dazu ein, unser wahres Ich ans Licht zu holen, mit unserer Seele und unserer einzigartigen Aussagkraft.

Auch die Nächte sind heller, das können wir für abendliche Spaziergänge nutzen. Bei dem milden Klima können sie zu magischen Erlebnissen werden, manchmal in Begleitung von Glühwürmchen, die uns, wie der Mond, bewusst machen, dass Magie überall ist.

Mondphasen

BEI NEUMOND im Juni machen Sie sich für die Liebe bereit. Fragen Sie sich, was Sie brauchen, um sich geliebt zu fühlen und welche Eigenschaften eine ideale Person haben sollte. Dann versuchen Sie, diese in sich selbst zu entwickeln. Wir ziehen das an, was in unserer Energie schwingt – unsere Schwingungen locken unsere Schwingungen an! Während des Neumonds stimmen Sie sich darauf ein, was Sie sich wünschen und pflegen es.

BEI ZUNEHMENDEM MOND im Juni ist es günstig, sich mit der Energie und dem Licht aufzuladen, die wir während der Wintermonate brauchen. Handeln Sie direkt und entschlossen, dann setzen Sie um, was Sie sich vorgenommen haben. Steigern Sie Ihre persönliche Energie zum Beispiel, indem Sie morgens eine halbe Stunde früher aufstehen, um Yoga zu machen oder ein ausgedehntes Frühstück ohne Hast einzunehmen. Oder Sie lassen sich in der Morgendämmerung wecken und sehen sich den Sonnenaufgang an. Denken Sie darüber nach, welche Pläne Sie in den vergangenen Monaten gemacht haben und welche Sie nun realisieren können.

BEI VOLLMOND im Juni suchen Sie Ihre Verbindung zum Feuer. Die Botschaft dieses Mondes ist Leben und Präsenz, wie das brennende Feuer, das heilt und Materie in Energie verwandelt. Überlegen Sie, wo das heilige Feuer in Ihrem Leben zu finden ist. Welche Leidenschaft treibt Sie an und was können Sie tun, damit diese Flamme nie erlischt? Entzünden Sie ein kleines, geschütztes Feuer in einem großen Topf oder einer feuerfesten Form in Anlehnung an das Johannisfeuer, mit dem die Sommersonnenwende gefeiert wird.

BEI ABNEHMENDEM MOND im Juni überlegen Sie, was Sie nun tun können, um Ihre Projekte in die Tat umzusetzen, ohne Risiken einzugehen. Jetzt ist die richtige Zeit, um etwas auszuprobieren, was Sie noch nie zuvor getan haben, um Gewohnheiten zu ändern, einen anderen Weg zur Arbeit zu nehmen, mit Fremden zu reden, einen Film zu sehen, der Sie anspricht, aber ängstigt und so weiter. Lassen Sie Ihre Fantasie spielen und seien Sie mutig.

Pflanze

Der Ursprung des wissenschaftlichen Namens des Echten Johanniskrauts, *Hypericum perforatum*, ist umstritten. Linnaeus schreibt es den griechischen Wörtern *hyper* und *eikon* zu, die – gemeinsam – „über das Bild“ bedeuten. Das zielt auf die Blütenblätter ab, auf denen sich scheinbar ein Bild zeigt. Das Wort *perforatum* bezieht sich auf die kleinen Öldrüsen der Blätter, die gegen das Licht wie kleine Blumen aussehen.

Der Tag des Johannes des Täufers, der 24. Juni, ist der beste Zeitpunkt, um diese sehr besondere Pflanze zu pflücken. Gemäß der Überlieferung schützt das Kraut vor dem Teufel und reinigt Menschen und Orte von negativer Energie. Seine Heilkraft spricht dieselbe Sprache. Äußerlich angewendet, heilt es Wunden und lindert Verbrennungen. Eingenommen ist es eine der wirksamsten Pflanzenmittel gegen Depressionen.

Die Pflanze ist sehr potent und zeigt Wechselwirkungen mit vielen Medikamenten, daher muss die Anwendung unter Aufsicht einer kräuterkundigen Person erfolgen. Sie erhellt die Dunkelheit der Depression, die unsere Seele trübt. Johanniskraut speichert die Sommersonne in seinen Blüten und setzt sie später frei, damit wir durch die kältesten Monate kommen. Es lässt sich ein spezielles Öl daraus anfertigen, das Johanniskrautöl (Öl des Hypericum), das sehr gut bei Ausschlag, Verbrennungen und Rötungen hilft. Seine wärmende und beruhigende Wirkung bringt uns in den Wintermonaten die Junisonne nach Hause.

Die Botschaft des Johanniskrauts ist „Denken Sie daran, dass ein kleines Licht in Ihnen brennt, auch in dunkelster Nacht“.

Johanniskraut

Hypericum perforatum

VI

72

Symbole

BIENEN UND BIENENSTÖCKE

Der Mond im Juni beschwört den Honig und die Arbeit der Bienen, die von Blüte zu Blüte fliegen, und ein Leben mit Wachstum und Begegnungen führen. Honig ist reich und nährend wie die Sonne im Juni, die uns mit Wärme für die Wintermonate auflädt.

FEDERN

Rote oder orange Federn symbolisieren Wohlstand, das Element Luft, Kommunikation und Wachstum, die Flüchtigkeit der Berührung und das Gefühl von Leichtigkeit, das für diese Zeit im Jahr charakteristisch ist.

ERDBEEREN

Erdbeeren steht für Neues und Liebe und, einer Cherokee-Legende nach, für Romantik. Sie werden wegen ihrer frischen und verspielten Natur mit dem Mond assoziiert und mit Kindern, Kindheit und Unschuld.

DER WAGEN

Die Tarotkarte für diesen Monat ist der Wagen, der Ehrgeiz und Erfolg, das Streben zum Licht, Veränderung und Transformation symbolisiert. Die Karte ist magisch und dynamisch – wie der Mond.

ROT UND ORANGE

Rot und Orange werden aufgrund ihrer Zuordnung zu Feuer und Sinnlichkeit mit diesem Mond assoziiert. Sie sind auch die Farben der ersten beiden Chakren, den Zentren für Erdung und sexueller Energie. Dynamisch und energisch wecken sie unser Feuer und unsere Hitze.

FEUER

Feuer ist das Element, das mit dem Mond im Juni assoziiert wird, weil es beweglich, transformierend und hell ist. Feuer ist Willenskraft, Sehnsucht, Leidenschaft, Energie und Hitze. Es heilt Wunden und verbreitet Helligkeit.

Praktiken und Rituale

Essen Sie einen Sonnenstrahl. Das meine ich wörtlich. Wenn Sie im Sonnenlicht stehen, stellen Sie sich vor, dass Sie die Strahlen essen. Halten Sie Ihr Gesicht in die Sonne und lassen sich mit Licht erfüllen.

Seien Sie großzügig. Jetzt ist die Zeit der Üppigkeit und wie die Pflanzen, die uns ihre Früchte schenken, können wir anderen etwas geben – einen freien Nachmittag, eine Tasse Kaffee mit einem geliebten Menschen, ein Buch, das wir toll finden und teilen möchten oder ein köstliches Mittagessen.

Sammeln Sie die Kräuter der Sonnenwende – Johanniskraut, Wiesensalbei, Beifuß, Eisenkraut und all die anderen, die Sie jetzt finden. Achten Sie dabei immer darauf, respektvoll mit der Umwelt und ihren Ressourcen umzugehen.

Basteln Sie Sonnendekoration aus Papier oder leichtem Stoff und verteilen sie im Haus: ans Fenster, auf Ihren persönlichen Altar, auf Ihren Nachttisch – wo immer Sie die Energie der Sonne haben möchten.

Kaufen Sie einen wunderschönen Strauß mit Sommerblumen.

Waschen Sie Ihr Gesicht mit Morgentau von den Pflanzen, die bei Ihnen wachsen. Früher einmal galt das als Garant für ewige Jugend.

Nehmen Sie ein Bad im Mondschein. Legen Sie sich in Badekleidung in die Strahlen des Mondes und lassen sich von ihnen durchdringen. Wenn Sie an der Küste leben, schwimmen Sie im Mondlicht im Meer.

Stehen Sie in der Morgendämmerung auf, entzünden eine Kerze und genießen den Anblick des heller werdenden Lichts.

Feiern Sie die Liebe in Ihrem Leben: sentimentale Liebe, erotische Liebe, die Liebe zu Freunden und Bekannten, die Liebe der Tiere und der Pflanzen, die mit Ihnen auf diesem Planeten leben.

VI

Der Donnermond

Andere Namen
sind Heumond,
Hirschmond und
Grasmond.

Der Donnermond ist
kennzeichnend für üppiges
Wachstum überall.

Der Mond im Juli ist aus offensichtlichen Gründen nach dem Donner benannt. In diesem Monat treten häufig so heftige Sommerstürme auf, dass man sich mitten in dem Tornado wähnt, der uns in das magische Königreich von Oz trägt. Im Juli ist der Himmel oft regenverhangen und die Wolken färben sich schwarz wie die Nacht, aber dann, abrupt, scheint die Sonne wieder auf die Weizenfelder und auf die Kräuter, die erntereif sind.

Der Juli lässt uns an das Wasser denken, zu dem wir manchmal den Bezug verlieren, obwohl wir Menschen aus ihm kommen. Der Leib der werdenden Mutter trägt das Wasser des Lebens in sich wie die Erde eins der wichtigsten Elemente, ohne das wir nicht leben können, in ihren Flüssen und Quellen führt.

Denken Sie je darüber nach, woher das Wasser aus Ihrem Wasserhahn stammt? Dass es einer Quelle entspringt, bevor es in ein Sammelbecken geleitet wird? Ein Sommersturm ist eine gute Gelegenheit, sich mit dem Wasser auf instinktivste Weise zu verbinden. Er ist elektrisch, überraschend und spürbar, er reaktiviert unsere Energien. Er ruft uns nach draußen, damit wir die Regentropfen auf unserer Haut spüren und zu unseren Körpern und unseren Ursprüngen zurückfinden.

Der Donnermond fordert uns auf, auf unsere Instinkte zu hören und unsere wilde Seite stärker zu beachten. Das Wasser, das dieser Mond bringt, ist der Saft der Pflanzen, der Zellen, die die Blütenblätter anschwellen lassen, das durstlöschende Wasser, durch das Wachstum und Gedeihen ermöglicht werden. Es ist der Saft einer Mango, die im Sonnenlicht gegessen wird und das Wasser, durch das die Pflanzen erntereif werden, voller ätherischer Öle und heilender Kräfte. Es ist vollkommen, das Wasser, das wachsen lässt, wie der Mond, der es bewegt.

Der Mond im Juli trifft auf die Zeit, wenn das Geweih der Hirsche am stärksten wächst und mahnt uns, keine Angst davor zu haben, etwas wachsen zu lassen oder unsere wahre Natur zu enthüllen: „Seien Sie wie Sie sind“, flüstert er, „und fürchten Sie sich nicht.“

Mondphasen

BEI NEUMOND im Juli herrscht die Energie, die uns fragen lässt, wer wir wirklich sind und wie wir der Welt begegnen wollen. Wie können wir unsere wahre Natur zeigen, ob nun als persönliche Meinung oder in Beziehungen oder sozialen Kontakten? Jetzt sollten wir auch die verstecktesten Winkel unseres Herzens offenbaren und herausfinden, welches Leben wir in unserer Umgebung führen wollen. Ziehen Sie eine Wahrsagungskarte und bitten sie, zu zeigen, was Sie sehen möchten, was aber noch nicht sichtbar ist.

BEI ZUNEHMENDEM MOND im Juli gießen Sie Ihre Pflanzen mit dem Wasser der Gefühle. Widmen Sie sich den Dingen, die Sie täglich erledigen müssen, auf eine Art, durch die Sie sich besser fühlen. Planen Sie etwas, was Ihnen guttut und setzen es in die Tat um. Die Kraft des Donnermondes elektrisiert und erregt Sie. Finden Sie heraus, wodurch Sie inspiriert werden und wenden Sie Zeit auf für Ihre Pflege und Ihr Wohlbefinden.

BEI VOLLMOND im Juli feiern Sie Ihre erste Ernte des Jahres. Welches Ergebnis hatten Ihre Anstrengungen? Welche absolut reifen Früchte können Sie jetzt essen? Es ist sehr wichtig, dass Sie alles einen Moment liegenlassen und schauen, was Sie erreicht haben – feien Sie Ihren Erfolg. Dieser Vollmond macht es möglich.

BEI ABNEHMENDEM MOND im Juli seien Sie bereit für Ideen für neue Projekte. So, wie der Sommersturm wütet, alles abkühlt und sich mit einem Regenbogen verabschiedet, stellen Sie sich vor, was Ihr zukünftiger Weg für Sie bereithalten soll, ohne sich Grenzen zu setzen. Erlauben Sie sich, mit offenen Augen zu träumen. Seien Sie empfänglich für leise Botschaften und achten Sie auf Zufälle. Hören Sie dem Regen zu und erlernen sein Lied.

Pflanze

Der Holunder gilt in vielen Kulturen als heilig, weise und magisch. Er ist eng verbunden mit Blitzen und wird häufig als Schutz davor dicht ans Haus gepflanzt. In Russland hängen die Menschen traditionell die Blüten, Blätter und Beeren des Holunders an ihre Tür, um Glück anzuziehen.

Der Holunder und die verzauberte Welt der Kobolde, Elfen und allen Kreativen des Kleines Volks gehören zusammen. Wenn Sie die Nacht der Sommersonnenwende im Schutz eines Holunders verbringen, kann es sein, dass Sie den König und die Königin der Feen mit ihrem Hofstaat an Nymphen, Gnomen und Leprechauns treffen.

In der keltisch-heidnischen Tradition repräsentiert der Holunderbaum die drei Gesichter der Göttin: im Frühling die Jungfrau in der Fülle der Blumen, im Sommer die Mutter mit ihren üppigen lila Beeren und im Herbst die Greisin, die ihre Blätter abgeworfen hat. Das entspricht der zyklischen Natur des Lebensrhythmus und seinen Veränderungen.

Der Holunderbaum besitzt duale Eigenschaften: Seine Blüten werden mit Venus assoziiert und stehen für Schönheit, Harmonie und Ordnung. Sie wirken fiebersenkend und regulieren die Körpertemperatur, reichern aber auch Süßigkeiten, Getränke und Brot geschmacklich an. Die lilafarbenen Beeren werden mit Saturn assoziiert und sind leicht giftig. Sie dürfen nur voll ausgereift und gekocht konsumiert werden. Die Beeren lassen sich zu einer wunderbaren, dunkellila Marmelade verarbeiten. Die anderen Teile der Pflanze sind schädlich und giftig.

Der Holunder vermittelt uns die Idee vom Leben als Kreis, das sich in Spiralen von Wachstum und Transformation bewegt. Er sagt uns, dass alles, was geschieht, zu unserer Entwicklung geschieht und dass wir den Tanz des Lebens und seiner Kreise tanzen können.

Die Botschaft des Holunders ist „Schätzen Sie die Vergangenheit, träumen Sie von der Zukunft und bleiben Sie in der Gegenwart."

Holunder

Sambucus nigra

VII

81

VII

Symbole

GEWÄSSER

Wasser ist von höchster Bedeutung für den Mond, daher sind Gewässer sein wichtigstes Symbol. Nicht nur Seen, Flüsse und Meere, auch die kleinen Pfützen, die das Sommergewitter zurücklässt, sind allesamt Türen zur Welt der Fantasie. Blicken Sie in Ihr Spiegelbild darin und überlegen Sie, wie es sich anfühlt, das Leben rückwärts zu betrachten.

GETROCKNETE KRÄUTER

Kräuterbündel aus Lavendel, Johanniskraut, Minze, Melisse und anderen medizinischen Kräutern sind für diese Zeit, ihrer besten Erntezeit, charakteristisch. Jetzt ist ihr Gehalt an aktiven Substanzen am höchsten, was der energiestrotzenden Jahreszeit entspricht.

KREIS

Im Juli beginnt die erste Ernte – der Weizen ist reif. Die Ernte demonstriert die kreisförmige Natur des Lebens, das nicht in geraden Linien verläuft, sondern ein sich entwickelnder Pfad von Loslassen und Wiedergeburt ist. Das Symbol dafür ist der Kreis.

ZAUBERSTAB

Das beste Instrument, um Wünsche wahrwerden zu lassen, Energien dorthin zu leiten, wo wir sie haben wollen und Handlungen eine Richtung zu geben!

DER TURM

Die Tarotkarte, die mit diesem Mond assoziiert wird, ist der Turm. Sie steht für die zerstörende und aufbauende Kraft des Sturmgewitters, die Unmittelbarkeit des Blitzes und eine klare Vision. Er erinnert uns daran, dass es unmöglich ist, stets alles unter Kontrolle zu haben.

HELLGRÜN ODER LILA

Die Farben des Mondes sind das Hellgrün des Sommerlaubs und das Lila der Holunderbeeren – Farben, die Kommunikation und Intuition kombinieren.

Praktiken und Rituale

Wenn das erste Sommergewitter herabprasselt, gehen Sie hinaus und lassen sich beregnen. Halten Sie kurz inne und spüren Sie jeden Tropfen auf der Haut.

Suchen Sie sich einen abgefallenen Zweig und machen daraus einen Zauberstab. Nehmen Sie dafür Faden, Steine, kleine Muscheln, Glöckchen und was Ihnen Ihre Fantasie sonst noch eingibt.

Drehen Sie eine Runde auf dem Wochenmarkt und kaufen lokale, saisonale Bio-Produkte.

Bauen Sie einen Drachen und lassen ihn hoch im Juli-Wind fliegen.

Erstellen Sie eine Liste der Dinge, für die Sie dankbar sind und nehmen sich Zeit, um Ihre erreichten Ziele zu feiern.

Bemühen Sie sich um Gerechtigkeit. Werden Sie in Ihrer Nachbarschaft aktiv und scheuen sich nicht, Ihre Meinung zu äußern.

Teilen Sie kleine Geschenke aus an die Obstbäume und Pflanzen, die an Ihrem Weg wachsen, etwas Dünger oder Wasser, wenn sie welches brauchen.

Bauen Sie sich einen Regenstab aus Bambus. Dorthinein geben Sie eine Handvoll Reis, Muscheln und Nussschalen und verschließen das offene Ende mit Folie oder Klebeband, dann kippen Sie den Stab abwechselnd zum rechten oder linken Ende ab und lauschen dem Geräusch von Regen. Verschönern Sie Ihren Stab, wenn Sie möchten, mit buntem Stoff, Bändern oder Schmuckpapier.

Legen Sie ein Mandala aus Samen und Weizenähren und lassen es durch den Sturm verwehen.

Denken Sie daran, dass Sie aus Sternen und Blitzen gemacht wurden. Ehren Sie die Magie der Intuition und des Unerwarteten.

VII

85

Nina Simone

Song: *I Put a Spell on You*
(aus dem Album *I Put a Spell on You*, 1965)

Pop-Ikone

Der Donnermond ist ein Mond des Feierns und der Kraft. Seine plötzliche, elektrisierende Energie lockt alle unsere Talente aus uns heraus. Er hat keine Angst, sich so zu zeigen, wie er ist und unbequeme Positionen zu beziehen.

Dieselbe Eigenschaft finden wir im Leben und in der vibrierenden Stimme Nina Simones wieder, in den tiefen Tönen, die so intensiv wie ein Sturm sind, in der Art, wie sie Gefühle vermittelt und in ihren Schwingungen.

Nina Simone ist eine Sängerin, Pianistin, Bürgerrechtsaktivistin und Autorin aus den USA. Ihre musikalische Karriere und ihr Aktivismus machen sie zur Verkörperung der Charakteristika dieses speziellen Mondes.

Und wie der Mond wusste auch sie genau, wann sie sich zeigen und wann sie verschwinden musste, ohne jemals ihre persönliche Schlacht zu verlieren. Sie ist aktive Feministin und war mit Martin Luther King und Malcom X befreundet. Ihr Gesang ist sowohl Kunst als auch eine Form des politischen und bürgerrechtlichen Engagements.

Jeder, der Nina Simone singen hört, ist auf eine Weise berührt. Man kann nicht weghören, genauso, wie man nicht weghören kann, wenn es stürmt und donnert.

Lassen Sie sich von Nina Simone und dem Donnermonat berühren. Leben Sie intensiv und setzen Sie Ihre Ideen mit Klarheit und Stärke um. Tauchen Sie ein in den Klang ihrer Songs und fokussieren Sie sich auf Angelegenheiten, die Sie für gerecht halten. Dann denken Sie sich einen kleinen Schritt aus, den Sie machen können und gehen Sie ihn, denn mit kleinen Schritten können wir die Welt verändern.

Der Reife-Trauben-kirschen-Mond

Andere Namen sind
Weizenmond oder
Gerstenmond.

Dies ist die
Zeit der Ernte
und Segnungen.

Im August laufen die Erntearbeiten auf vollen Touren. Der Weizen färbt sich golden, das Obst wird reif, die Traubenkirschen, die diesem Mond seinen poetischen Namen geben, werden rot. Dieser Mond repräsentiert die Ernte und die Dankbarkeit.

Der Mond im August steht für die Üppigkeit im Sommer und lässt uns schon einen Blick auf den Herbst werfen. Er lädt uns ein, jeden Moment zu genießen und etwas für die bevorstehenden kalten Monate zurückzulegen. Der August ist der ideale Monat, um einzubringen, was wir angepflanzt haben – in der Erde, aber auch in unserem alltäglichen Leben. Einige seiner Namen verdeutlichen die enge Verbindung zwischen diesem Mond und den Getreidesorten wie Weizen und Roggen. Sie sind Symbole für Ernährung und Wiedergeburt.

Das heidnische Fest Lughnasadh wird im August zu Ehren Lughs gefeiert, des Sonnengottes, den das Getreide als Symbol von Tod und Wiedergeburt verkörpert.

Die Weizenernte ist an die Mondphasen gekoppelt. Hildegard von Bingen war eine Nonne und Kräuterkundlerin, die in den 1100er Jahren lebte. Sie schrieb „Der Getreideschnitt bei zunehmendem Mond ergibt mehr Mehl als bei einer Ernte bei abnehmendem Mond, weil der zunehmende Mond all seine Kraft besitzt, während der abnehmende geschwächt ist. Soll aber der Weizen sein volles Keimungspotenzial behalten, sollte er bei abnehmendem Mond geerntet werden." Das Brotbacken bringt uns diesem Mond näher – den Teig kneten, ihm die Zeit geben, zu gehen, das Brot schmecken und seinen aromatischen Duft zu genießen.

Haben Sie schon einmal das Obst direkt vom Baum gepflückt? Frisch geerntetes Obst nährt Sie – nicht nur mit Mineralien und Spurenelementen, sondern auch mit den Mondstrahlen, die es nachts umschmeichelt haben, mit der Sonne, die es gewärmt hat und dem Flügelschlag der Schmetterlinge, die es gestreift haben.

Es gibt so viel, für das wir dankbar sein müssen und feiern sollten, wenn wir mit der Natur in Kontakt treten. Der August-Mond ist üppig und hell. Er lehrt uns, zu nehmen, was uns zusteht und dankbar für das zu sein, was wir haben.

Mondphasen

BEI NEUMOND im August suchen Sie sich einen Platz, an dem Sie die Fülle genießen. Der Neumond ist immer gut, um loszulassen. Nutzen Sie die Energie dieses Mondes, um Gefühle der Unzulänglichkeit und Begrenztheit Ihres Erfolgs und Ihrer Fähigkeiten abzulegen. Seien Sie dankbar für das, was Sie haben. Erstellen Sie eine Liste der kleinen Geschenke, die Sie in den vergangenen Tagen erhalten haben: ein Stück Obst, das vom Baum fiel, einen Becher Kaffee, den Ihnen jemand anbot, das Flattern eines Schmetterlings. Denken Sie über diese Großzügigkeit nach und über Ihre Fähigkeit, sie anzunehmen.

BEI ZUNEHMENDEM MOND im August können Sie viel Energie in Ihre Projekte stecken. Der Moment ist ideal, um das, was Sie anstreben, anzustoßen. Nutzen Sie diese Energie, um sich auf Ihre Erfahrungen zu konzentrieren und sie zu dynamisieren. Und fragen Sie danach, was Sie wirklich nährt. Umreißen Sie, was Sie zur Weiterentwicklung benötigen, womit Sie sich gerade beschäftigen und finden Sie heraus, worauf Sie Ihre Energie richten sollten. Warten Sie auf den richtigen Moment. Wie beim Brot, dessen Teig Zeit zum Wachsen braucht, gehört Geduld mit zum Erfolg.

BEI VOLLMOND im August feiern Sie Ihren Reichtum und Ihre wahre Natur. Welches sind Ihre Ressourcen? Welches sind Ihre Stärken? Wie können Sie sie der Welt zeigen? Zur Feier dieses Mondes stellen Sie magischen Brotteig her und laden ihn beim Kneten mit Ihrer positiven Absicht auf. Sehen Sie ihm zu, wie er aufgeht, und gönnen Sie sich die Freude, das Brot direkt aus dem Ofen zu probieren.

BEI ABNEHMENDEM MOND im August überlegen Sie, was Sie für die kalten Monate konservieren möchten. Welchen Teil dieser Zeit möchten Sie bewahren? Was möchten Sie jetzt genießen und was lieber später? Bereiten Sie magische Vorräte aus den Früchten, die Sie im August pflücken. Reichern Sie sie mit Ihren Träumen und Ihren Wünschen für die kommenden Monate an. Vergessen Sie nicht, sich auszuruhen.

Pflanze

Ich fand es passend, die Ringelblume mit dem August zu assoziieren, weil sie ein wahrhaftiges Mondfeuer ist. Sie ist orange und einige ihrer Eigenschaften sind deutliche Bezüge zur Sonne, aber sie ist auch dem Mond verbunden. Ihre Samen sehen wie kleine Halbmonde aus. Einige ihrer Eigenschaften sind weiblich und unterstehen dem lunaren Einfluss, sie machen ihr Feuer sanft, intim, heimelig. Die Ringelblume besitzt einen speziellen harzigen Duft, der leicht zu erkennen ist, und hinterlässt klebrige, duftende Spuren an der Hand.

Die Ringelblume ist eine üppige, wuchernde Pflanze. Ihr botanischer Name, *Calendula officinalis*, ist von dem lateinischen Wort *calendae* abgeleitet, dem ersten Tag des Monats. Die Römer verwendeten das Wort für die Ringelblume, weil sie üblicherweise am ersten Tag eines jeden Monats den Sommer hindurch blüht, wenn die klimatischen Bedingungen stimmen. Die Blüte der Ringelblume öffnet sich mit der Sonne und schließt sich im Schatten und ist so Abbild der Reise von Licht zu Dunkelheit. Die Pflanze wächst sehr schnell, so dass sie leicht mit dem Augustmond assoziiert werden kann, dem Mond des Wachstums und der Ernte.

Die Ringelblume ist das ideale Heilmittel bei Schürfwunden und Hautrötungen. Äußerlich lindert und beruhigt sie und heilt Entzündungen. Ihre innerliche Anwendung demonstriert am besten ihre Verbindung zum Mond: Sie reguliert den Menstruationszyklus und hat eine wohltuende Wirkung auf den weiblichen Genitalapparat.

Die Ringelblume balanciert Dinge aus und weist ihnen ihre angemessene Bedeutung zu. Sie hilft effektiv bei Erfrierungen und Ausschlägen und lockt vorsichtig die Körperwärme zurück. Sie ist wetterfühlig und sagt das Wetter voraus. Sie nimmt Feuchtigkeit aus der Luft auf und schließt sich, wenn ein Sturm aufzieht. Mit ihren hautheilenden Eigenschaften behandelt sie leichte Verletzungen, Brandwunden und Ausschläge.

Ihre Botschaft lautet „Lassen Sie das Feuer in Ihrem Nest nie ausgehen und seien Sie dankbar für das, was Sie haben."

Ringelblume

Calendula officinalis

VIII

VIII

94

Symbole

SONNENBLUME

Das Symbol für die Sonne schlechthin schwingt aber ebenso in diesem Mond mit: Ihre üppige Produktion an Samen macht sie zum Sinnbild für Ernte, Fülle und Dankbarkeit.

GETREIDEKÖRNER UND WEIZENÄHREN

Das offensichtlichste Symbol für diesen Erntemond im August sind Getreidekörner. In ihnen steckt das Versprechen auf Nahrung, aber auch die Botschaft von Tod und Wiedergeburt. Wird der Weizen geschnitten, spenden seine Samen neues Leben. Gleichzeitig hängt die Getreideernte von vielen natürlichen Faktoren ab: Sind die Wetterbedingungen ungünstig, gibt es keine Ernte und daher keine Fülle. Sie sind Symbole für Pflege und Weitsicht.

BROT

In diesem Grundnahrungsmittel wohnt Heiligkeit. Aus den Körnern des Weizens gemacht, lassen wir bei der Zubereitung unsere persönliche Energie in den Teig fließen. Das Gehen des Teigs lehrt uns, auszuruhen. Für unseren Geschmackssinn ist das Brot ein Fest und erinnert uns daran, die Früchte unserer Anstrengungen ausgiebig zu genießen.

DIE SONNE

Die Tarotkarte, die mit diesem Mond assoziiert wird, ist die Sonne. Sie steht für Offenlegung, Erfolg und Dankbarkeit. Ihre Deutung bezüglich des Lichts ist interessant. Was enthüllt sie über Sie? Was möchten Sie ans Licht bringen?

ROSMARIN

Diese duftende, harzige Pflanze ist heiß und trocken wie der Monat August. Sie besitzt energiespendende, reinigende Eigenschaften und kann verräuchert werden, um negative Energie abzuwehren.

Praktiken und Rituale

Kochen Sie für jemanden, den Sie lieben, ein Abendessen und probieren Sie das Brotbacken aus. Kneten Sie, solange Sie können: Brot, Süßigkeiten, Träume.

Bereiten Sie einen Mondkräutertee zu: Geben Sie einige Ringelblumen in eine Tasse kaltes Wasser und stellen sie über Nacht ins Mondlicht. Filtern Sie am nächsten Morgen den Tee und trinken ihn. Lassen Sie sich auf die Gefühle ein, die er auslöst – voller Mondenergie.

Denken Sie sich ein Ritual aus, mit dem Sie den Pflanzen danken, die mit oder bei Ihnen leben.

Stellen Sie ein Öl aus frischen Ringelblumen her. Dazu geben Sie eine Handvoll Blumen in einen Behälter und bedecken sie mit Sonnenblumenöl. Lassen Sie ihn drei Wochen lang in der Sonne stehen und filtern es dann. Verwenden Sie das Öl im Herbst, um die innige Sommerwärme dieses Monats wiederzuentdecken.

Lassen Sie sterben, was sterben muss. Wenn Sie es gehen lassen, kann es sich transformieren.

Feiern Sie das Feuer, das Leben und die Ganzheit in jeder Form.

Legen Sie ein Mandala aus Samenkörnern als Futter für die Vögel.

Pflücken Sie Sonnenblumen, sehen sich die Körner an, die perfekte Spirale, die sie bilden.

Entzünden Sie an einem sicheren Platz ein nächtliches Feuer und laden Ihre Freunde ein, an ihm zu feiern.

Sammeln Sie Muscheln, Sand und Steine am Strand und legen sie in ein Glas. Im Winter werden sie Sie an die Küste erinnern.

Seien Sie dankbar. Sie sind reich und Sie sind großartig.

Der Wechsel-mond

Andere Namen sind Weinmond, Erntemond und Singender Mond.

Dieser Mond steht für Wechsel und Wiederherstellung. Jetzt verändert das Jahr seine Geschwindigkeit und eine Verbindung zu einer geheimnisvollen inneren Energie wird geboren.

Im September spüren wir zwei Kräfte, die sich ausgleichen. Die Sonne ist noch warm, aber die Nachtluft wird schon frisch, die Blätter beginnen, sich rot, orange, gelb und golden zu verfärben. Die Bäume sprechen mit den Sonnenuntergängen und wir bekommen stärkeren persönlichen Tiefgang.

Auch bei den Pflanzen lassen sich zwei Strömungen entdecken: Die eine fließt zu den Wurzeln, wo sich Nährstoffe und Ressourcen für die Wintermonate sammeln, eine fließt zu den Samen, die in diesem Monat reif werden.

Dies ist der Mond der Ausgeglichenheit. Zur Herbsttagundnachtgleiche, meist am 21. September, sind Tag und Nacht gleichlang. Danach nehmen die hellen Stunden allmählich ab. Dies ist der Moment, innezuhalten, bevor wir in unsere menschlichen Tiefen und Geheimnisse abtauchen.

In der Natur ist dies die Zeit, in der sich nach den Erfahrungen des Sommers Samen bilden und reifen. Ähnlich ermutigt uns der Mond, Vorräte anzulegen, die Erkenntnisse, die das Jahr gebracht hat, zu ordnen und uns auf die kältere, nach innen gerichtete Jahreszeit vorzubereiten.

Die Tagundnachtgleiche repräsentiert den Ausgleich und die Einschätzung von Energien, wie es die Jungfrau empfiehlt, das Sternzeichen, das diesem Monat zugeordnet ist. Jetzt wird unsere Sicht klarer, wir erkennen, was wir bisher geschafft haben, wo unsere Handlungen uns hinbringen und wie wir uns in den nächsten Monaten entwickeln werden. Gleichgewicht ist mehr als Einschätzung und Balance: Es ist das Finden von Harmonie in Situationen, die uns aus dem Gleichgewicht werfen. Fragen Sie sich „Okay, das habe ich jetzt und das gefällt mir nicht. Wie kann ich das ändern?“

Der Wechselmond kann Ihnen dabei helfen, Ihren Balancepunkt zu finden und Aspekte von Licht und Schatten in diesem Moment des Verharrens, der der September ist, einzubeziehen.

Mondphasen

BEI NEUMOND im September lassen Sie sich von den Bäumen und ihren fallenden Blättern inspirieren, Symbole für das, was nicht länger gebraucht wird. Welche Beziehungen, Projekte, Gedanken oder Gewohnheiten sind inzwischen zur Last geworden, statt zu stimulieren und beleben? Machen Sie Inventur und lassen los, was alt geworden ist und nicht länger Teil von Ihnen.

BEI ZUNEHMENDEM MOND im September überlegen Sie, was Sie für eine Balance von Wachstum und Anstrengungen brauchen. Was muss wachsen, damit das Gleichgewicht wieder hergestellt ist? Was übersehen Sie? Was sind Ihre persönlichen Stärken? Wie können Sie das Gleichgewicht zwischen Stärken und Schwächen finden? Balancieren Sie Ihre Kräfte aus, strengen Sie sich weniger an, lassen Sie die Energie fließen. Wo kommen Sie her, welche Entwicklung haben Sie genommen, welches sind Ihre nächsten Schritte?

BEI VOLLMOND im September feiern Sie, was Sie bisher geerntet haben. Dieser Mond tritt im Monat der zweiten Ernte und der Samen auf. Nutzen Sie seine Energie, um den Reichtum, der Sie umgibt und Ihre Vorkehrungen für den Winter zu feiern. Letztere werden Sie glücklich machen, genau wie die Vorräte und Marmeladen in Ihrem Vorratsschrank, die Ihnen in den Wintermonaten den Geschmack des Sommers schenken.

BEI ABNEHMENDEM MOND im September überlegen Sie, was Sie brauchen, damit Sie das Gleichgewicht zwischen Loslassen und Anstrengung finden. Wohinein stecken Sie zu viel Energie? Was könnten Ihnen dabei helfen, die Balance wiederzufinden? Manchmal ist der übermäßige Kraftaufwand für eine Sache ein Warnsignal dafür, dass wir in die falsche Richtung eingeschlagen haben. Jetzt sollten wir unsere Bemühungen bewerten und gegebenenfalls umdenken.

Pflanze

Der Efeu ist die Pflanze, die am engsten in Harmonie mit dem Mond steht. Er hat eine duale Natur: Er ist lunar, denn er wächst im Schatten, aber auch solar, da er ständig nach der Sonne sucht. Meist wird er mit Dionysos assoziiert, wie die Trauben, die im September für die Herstellung von Wein geerntet werden, dem Nektar, den dieser Gott des Chaos, des Tanzes, des Lebens und der Geheimnisse liebte.

Die duale und ausgeglichene Natur des Efeus zeigt sich in den Energien des Septembermondes. Zuerst entwickelt die Pflanze sterile Triebe mit lappenförmigen Blättern, später wachsen fruchtbare Triebe mit ovalen oder lanzenförmigen Blättern nach. Wenn im Herbst die meisten Pflanzen ihre Winterruhe beginnen, treibt der Efeu Blüten aus, mit deren Hilfe Bienen Herbsthonig produzieren.

Efeu ist das Musterbeispiel für Anpassungsfähigkeit und Kreativität. Seine Stärke liegt in seiner Fähigkeit, nachzugeben und jedes Hindernis zu überwuchern, sichtbar an den Mauern von Ruinen, die zu Leben erwachen, wenn Efeu an ihnen hochrankt. Die Eigenschaften des Efeus sind in ihrer Art auch dual. Nur Vögel mögen seine giftigen Beeren, seine Blätter aber werden äußerlich in der Phytotherapie eingesetzt. Sie verfügen über stark entwässernde und straffende Wirkung. Als aufgesetztes Öl hilft er gegen Cellulite und entwässert die unteren Extremitäten.

Efeu weckt unsere Neugier: Er verbindet uns mit unserer Fähigkeit, frei zu sein, Hürden in Chancen zu verwandeln und uns zu verändern. Er hilft uns, Ängste und Unsicherheiten zu überwinden, damit wir flexibler werden und uns selbst stärker beobachten.

Die Botschaft des Efeus ist „Schatten und Licht sind zwei Seiten derselben Münze."

Efeu

Hedera helix

IX

IX

104

Symbole

WEIN

Wein, Saft der Trauben und Getränk der Götter, gehuldigt von Dionysos/Bacchus, bringt die Wahrheit ans Licht, verursacht Rausch und das kreative Chaos dionysischer Erlebnisse. Mit ihm wird gefeiert, er wird geteilt und lehrt uns, dass das Gleichgewicht aus dem Maßhalten entsteht.

DIONYSOS

Der Gott, der mit dieser Zeit assoziiert wird, ist Dionysos, eine wechselhafte Gottheit, die eng mit dem Wein verbunden ist. Er steht außerdem für Kunst und Charisma und ich bin (fast) sicher, dass viele Rockstars, einschließlich Jim Morrison, Reinkarnationen von Dionysos sind.

DUNKELLILA

Die Farbe dieses Mondes lässt an Geheimnisvolles, Tiefgründigkeit und Heiligkeit denken zu einer Zeit, in der wir am stärksten bei uns selbst sind und unsere persönliche innere Suche nach der Extrovertiertheit des Sommers auf dem höchsten Stand ist. Lila ist die Farbe der Intuition, der Magie und der leisen Gedanken.

YIN UND YANG

Das uralte Konzept des Gleichgewichts von Gegensätzen, Yin und Yang, lehrt uns, dass ohne Licht kein Schatten ist und umgekehrt. Nur mit beidem finden wir die wahre Balance, die immer dynamisch ist.

APFEL

Der Apfel ist ein Symbol für die Herbsttagundnachtgleiche und wird in diesem Monat geerntet, zusammen mit den letzten Pflaumen.

DIE MÄßIGKEIT

Die Tarotkarte, die mit diesem Mond assoziiert wird, ist die Mäßigkeit, die Karte des Gleichgewichts und der Alchemie. Sie sagt aus, dass, um etwas zu schaffen, Gegensätze kombiniert, gemischt und transformiert werden müssen. Das ist der einzige Weg zu wahrer Harmonie.

Praktiken und Rituale

Machen Sie einen Herbstputz. Er ist zwar nicht so berühmt wie der Frühjahrsputz, aber eine ebenso gute Praktik. Spenden Sie warme Kleidung, die Sie nicht mehr wollen, an Menschen, die sie benötigen. Bereiten Sie Ihr Zuhause auf die Wintermonate vor, schauen Sie, was repariert oder ersetzt werden muss. Entsorgen Sie, was nicht länger gebraucht wird.

Danken Sie einem Baum, der in Ihrer Nähe lebt. Binden Sie Bänder an seine Äste, entzünden Sie etwas Räucherwerk, bieten Sie ihm Dünger an oder stellen Sie Futter für wildlebende Tiere an seine Wurzeln.

Beobachten Sie Ihre Nächte und Ihre Tage und finden Sie eine Balance zwischen ihnen. Wenn Sie zu wenig schlafen oder zu spät aufwachen oder Ihre Tage zu hektisch sind, denken Sie daran, ein gesundes Gleichgewicht zwischen Tag und Nacht herzustellen.

Finden Sie den genauen Zeitpunkt für die Tagundnachtgleiche (um den 21. September) heraus und überlegen Sie, wie sie sie feiern könnten.

Machen Sie produktive Pausen, um sich selbst etwas Gutes zu tun: Lesen Sie einen Zeitungsartikel, legen eine Schönheitsmaske auf, schicken eine Nachricht an eine geliebte Person oder ...

Bestücken Sie Ihre Speisekammer mit kleinen Vorräten. Versuchen Sie, Marmelade aus den Herbstfrüchten zu machen. Verleihen Sie ihnen etwas Magie, indem Sie Blütenblätter hinzugeben.

Pflücken Sie einige Hagebutten und basteln Sie eine wilde Halskette, indem Sie sie auf eine rote Schnur ziehen.

Tanzen Sie eine Nacht völlig hemmungslos und lassen sich vom Geist des Dionysos mitreißen. Tanzen Sie, springen Sie, leben Sie und lassen Sie sich vom Chaos inspirieren.

Denken Sie daran, dass alles zu seiner Zeit blüht. Finden Sie Ihren Moment und fürchten Sie nicht, ihn zu verpassen. Das geschieht nicht.

IX

Patti Smith

Song: *Dancing Barefoot* (aus dem Album *Wave*, 1979)

IX

108

Pop-Ikone

Für diesen Mond, der sich allmählich auf den Weg zum Ernst der Herbstmonate macht, ist Patti Smith eine geeignete Inspiration für Sie. Als Priesterin des Rock ist Patti eine Sängerin/Songwriterin, Dichterin und Künstlerin, der etwas Dionysisches anhaftet. Bei Ihren Auftritten vermischt Sie Musik und Dichtkunst auf der Suche nach einer heiligen Verbindung.

Patti begann ihre Karriere mit 28 Jahren. In ihrem Buch *Just Kids* schreibt sie, dass ihr Verlangen und das Bedürfnis, ihre Gedichte auf einer Bühne vorzutragen, zum Teil durch ein Konzert von Jim Morrison in den späten 1960er Jahren in New York inspiriert wurde.

Wie der September, der ein Drehkreuz der Energie ist, verkörpert Patti Smith die Vorstellung von Veränderung. Auf dem Höhepunkt ihrer Karriere als Rock'n'Roll-Künstlerin begann sie, mit New Wave und Punk zu experimentieren – eine neue Klangsprache durchzog ihre Musik. Pattis Charakter ist flüchtig. Am Anfang ihrer Karriere wollte sie keine Sängerin sein. „Ich bin Dichterin, keine Sängerin", erklärte sie Robert Mapplethorpe, der antwortete „Du kannst beides sein."

Manchmal können auch wir beides sein: Wir können das Gleichgewicht finden, mit dem wir eine feste Definition hinter uns lassen und uns die Freiheit nehmen, dies und das gleichzeitig zu sein.

Der Septembermond ist magisch und tiefgründig wie Pattis Stimme und erinnert uns daran, dass wir in Kontakt mit unseren Träumen stehen sollen. Unsere Visionen könnten eine Inspiration für die ganze Welt sein. Geben Sie Ihrer Spiritualität Raum und besuchen Sie Ihren heiligen Ort. Versuchen Sie, wie Patti, zu schreiben, um so die Botschaft aus Ihrer Seele zu vermitteln. Pflegen Sie, was heilig ist.

Der Fallende-Blätter-Mond

Andere Namen sind
Blutmond, Jägermond
und Roter Mond.

Dies ist der Mond der
Langsamkeit, des Loslassens
und der Verwurzelung.

Der Oktober ist für den natürlichen Rhythmus des Jahres wichtig, die Blätter fallen von den Bäumen und beginnen ihre Transformation zum fruchtbaren Kompost. Und wie die Blätter im Oktober müssen auch wir langsamer werden.

Der Oktobermond strahlt eine langsame Energie aus, die auf die Erde drückt, wie in der Sage von Persephone, der Tochter Demeters, die gezwungen war, sechs Monate im Jahr als Gefährtin von Hades, dem Gott der Unterwelt, unter der Erde zu leben. Wir sollten uns fragen, welches unsere Wurzeln sind, welche geheimnisvolle Botschaft die Unterwelt uns zuraunt.

Dieser Mond wird mit dem Unbekannten assoziiert. In ihm findet Halloween statt, das auch Samhain genannt wird, die Zeit des Jahres, wenn der Schleier zwischen dieser Welt und dem Jenseits so dünn wird, dass ein Kontakt mit dem Unsichtbaren nun einfacher ist.

Der Mond im Oktober ist eng mit dem Tod und der Wiedergeburt verbunden. Das keltische Jahr endete am 31. Oktober mit Samhain, der wahre Anfang des neuen Jahrs war der Neumond im Oktober.

Dieser Mond, der eng mit der Sternzeichen Waage verbunden ist, fordert uns auf, abzuwägen, was wir behalten wollen und was wir gehen lassen, damit wir unsere Transformation, die in den folgenden Monaten stattfinden muss, abschließen können.

Dieser Mond macht uns empfänglich für unsichtbare Botschaften und ist gut darin, uns wahrnehmen zu lassen, was unsere Augen nicht sehen können. Es gibt überall auf der Welt Orte, an denen im Oktober die Vorfahren gefeiert werden und diejenigen, die nicht länger unter uns weilen. Und weil wir den Abschluss eines Kreislaufs erreicht haben, ist es wichtig, über die nachzudenken, die schon gegangen sind.

Unsere Wurzeln befinden sich in der Erde und wie die Wurzeln der Pflanzen in diesem Monat wird unser verborgenes inneres Leben aktiver. In den Herbstmonaten speichern Pflanzen Nährstoffe, die sie für den Winter brauchen. Ihr Leben verlagert sich unter die Erde, wo sie die Kraft und die Energie finden werden, um im Frühling wieder zu sprießen.

Mondphasen

BEI NEUMOND im Oktober feiern Sie die Geburt eines neuen Jahres und lassen gehen, was nicht mehr lebt. Dieser Neumond eignet sich sehr, zu beenden, was zu den Lebenskreisen gehört, die vor der Vollendung stehen. Lassen Sie los, akzeptieren Sie den Herbst und begrüßen Sie das Ende. Das ist der einzige Weg, damit Platz für Neues entsteht. Denken Sie daran, dass das Ausgraben der Wurzel den Tod der Pflanze bedeutet, gleichzeitig aber Raum für neues Leben gemacht wird. Was müssen Sie symbolisch in Ihrem Leben sterben lassen und was kann dessen Platz einnehmen?

BEI ZUNEHMENDEM MOND im Oktober versuchen Sie, die leisen Signale des Universums zu erfassen – Textstellen im Buch, das Sie gerade lesen, Songs, die Sie zufällig hören. Dies ist die ideale Zeit, um die Botschaft Ihrer Träume ins echte Leben zu übertragen und Ihren Instinkten zu vertrauen. Denken Sie daran, dass Sie nur offen zu sein brauchen, ohne nach Anweisungen zu suchen, sondern sie ganz spontan zu empfangen.

BEI VOLLMOND im Oktober versuchen Sie, sich mit Menschen auszusöhnen, mit denen Sie sich zerstritten haben und suchen Sie wieder Kontakt mit denen, die Sie aus den Augen verloren haben. Diese kraftvolle Jahreszeit ist ideal für eine Wiederannäherung und ein Aufweichen Ihrer Position. Seien Sie wie das Laub – fallen Sie ohne Widerstand. Denken Sie an Ihre Ecken und Kanten. Wie können Sie sie etwas mildern? Was steht einer Aussöhnung im Weg und wie könnten Sie auf ihn oder sie zugehen?

BEI ABNEHMENDEM MOND im Oktober gönnen Sie sich einsame Momente und tanken Sie Energie, nehmen Sie Auszeiten, sinnieren Sie, hängen Sie Tagträumen nach. Lernen Sie, das Tempo zu drosseln. Wir packen meist jede Minute des Tages voll, auch unsere Freizeit. Probieren Sie mit diesem Mond einmal, nichts zu tun und schauen, was passiert.

Pflanze

Der Granatapfel mit seinen ungewöhnlichen Früchten ist die Pflanze, die am besten die Energie dieses Mondes repräsentiert. Seine runde Form und die große Anzahl Samenkörner macht ihn zu einem Fruchtbarkeitssymbol und Zeichen für Fülle. Sein roter Saft ist reich an Vitamin C und Sinnbild für Blut und Lebenskraft, Stärke und die Energie, die in den Herbstmonaten noch da ist.

Der Granatapfel steht sowohl für das Leben als auch für den Tod. In Vietnam heißt es, wenn ein Granatapfel vom Baum fällt und zerplatzt, dann werden einhundert Kinder geboren. Diese sehr alte Frucht ist aber auch ein Symbol für Tod, Wiedergeburt und Erneuerung. In alten Kulturen wurde er den Toten mitgegeben und war das Versprechen auf Wiedergeburt. In Griechenland und dem südlichen Italien sieht man ihn häufig auf Grabstätten. Die duale Natur seiner Symbolik findet sich im Mond und seinen Phasen wieder. Denken Sie an die Sage von Persephone, der Göttin, die zum Symbol des Jahreszeitenwechsels wurde. Die Freude ihrer Mutter Demeter, wenn Persephone die Unterwelt verlassen durfte, ließ alles wieder wachsen. Wegen ihrer Verzweiflung über Persephones Rückkehr im Winter unter die Erde, fielen die Pflanzen und Bäume in einen tiefen, stillen Schlaf. Das Wechselspiel von Licht und Schatten zeigt sich auch in den Neu- und Vollmondphasen des Mondes.

Die Göttinnen der Antike wie Demeter oder Aphrodite wurden häufig mit dem heiligen Granatapfel in der Hand dargestellt als Zeichen ihrer Herrschaft über Leben und Tod.

Der Granatapfel, und besonders sein Saft, ist ein starkes Antioxidans, das effektiv oxidativem Zellstress und der Alterung entgegenwirkt. Neben seiner wohltuenden Wirkung auf das Herz lindert er Stress, Diabetes und kardiovaskuläre Probleme.

Die Botschaft des Granatapfels lautet „Ehren Sie das Ende und akzeptieren Sie die entstandene Lücke, so entsteht Neues."

Granatapfel

Punica granatum

X

115

X

116

Symbole

LATERNEN

Laternen beleuchten in den Nächten des späten Oktobers den Weg für die Seelen der Verstorbenen. Sie sind in diesem besonderen Monat magische Führer.

SCHLEIER

Der Schleier, der unsere von der Anderwelt trennt, ist jetzt sehr dünn. Die intuitive Wahrnehmung wird stärker und Sie erleben vielleicht viele synchrone Ereignisse. Dies ist eine Zeit des Träumens und der Fantasie.

GERECHTIGKEIT

Die Tarotkarte für diesen Mond ist die Gerechtigkeit. In dieser Jahreszeit erleben wir Veränderungen. Wir müssen uns über unsere Wahrheit klar werden und was wir uns erhalten wollen. Schneiden Sie mit dem Schwert der Gerechtigkeit ab, was Sie nicht länger brauchen.

MASKEN

Wir werfen uns in der Nacht von Halloween in schaurige Kostüme, um unseren Ängsten zu begegnen, ein reinigender Brauch, der zeigt, wovor wir uns fürchten und wie wir damit umgehen.

JACK O'LANTERN (KÜRBISLATERNE)

Der angelsächsische Brauch, ein Gesicht in einen Kürbis zu schnitzen und eine Kerze hineinzustellen, um Auge, Nase und Mund zu beleuchten, findet sich in ganz Europa. Seinen Ursprung hat er in einer irischen Legende über einen Mann namens Jack.

Praktiken und Rituale

Werden Sie kreativ und schnitzen einen Halloween-Kürbis, stellen eine Kerze hinein und feiern diese magischen Nächte.

Kochen Sie ein Abendessen für einen stummen Gast. Stellen Sie einen zusätzlichen Stuhl an den Tisch zu Ehren der Verstorbenen. Nehmen Sie sich einen Moment, um an Ihre Vorfahren zu denken.

Schalten Sie an einem Abend zu Hause alle Lichter aus. Zünden Sie eine Kerze an und gehen damit von Raum zu Raum, um Licht in die Dunkelheit zu bringen.

Strengen Sie sich an, um eine kleine Angewohnheit, die Sie nicht leiden können, abzulegen.

Schalten Sie Ihr Telefon tagsüber eine halbe Stunde aus. Genießen Sie die Ruhe und nehmen Sie eine Auszeit von der ständigen Erreichbarkeit.

Dies ist ein guter Monat zum Wahrsagen. Legen Sie sich Tarotkarten zu und ziehen Sie jeden Tag eine Karte. Lassen Sie sich von den Bildern inspirieren, auch wenn Sie nicht wissen, was sie bedeuten.

Backen Sie Kekse für die Nacht der Toten.

Schalten Sie an einem Abend zu Hause alle Lichter aus und essen bei Kerzenlicht. Ändert sich die Art, wie Sie wahrnehmen, was Sie essen? Achten Sie auf Ihre Sinne.

Stellen Sie Ihre eigenen Runen her. Die Kelten benutzten Runen zum Wahrsagen. Sie haben schöne Symbole, die leicht zu kopieren sind. Zeichnen Sie Ihre Runen auf kleine Steine oder brennen Sie sie mit einem Stift für Brandmalerei auf kleine Holzscheiben.

Trainieren Sie Ihre sechs Sinne auf eine Art, die Ihnen gefällt.

Feiern Sie Ihr heutiges Leben und das, was noch kommen möge.

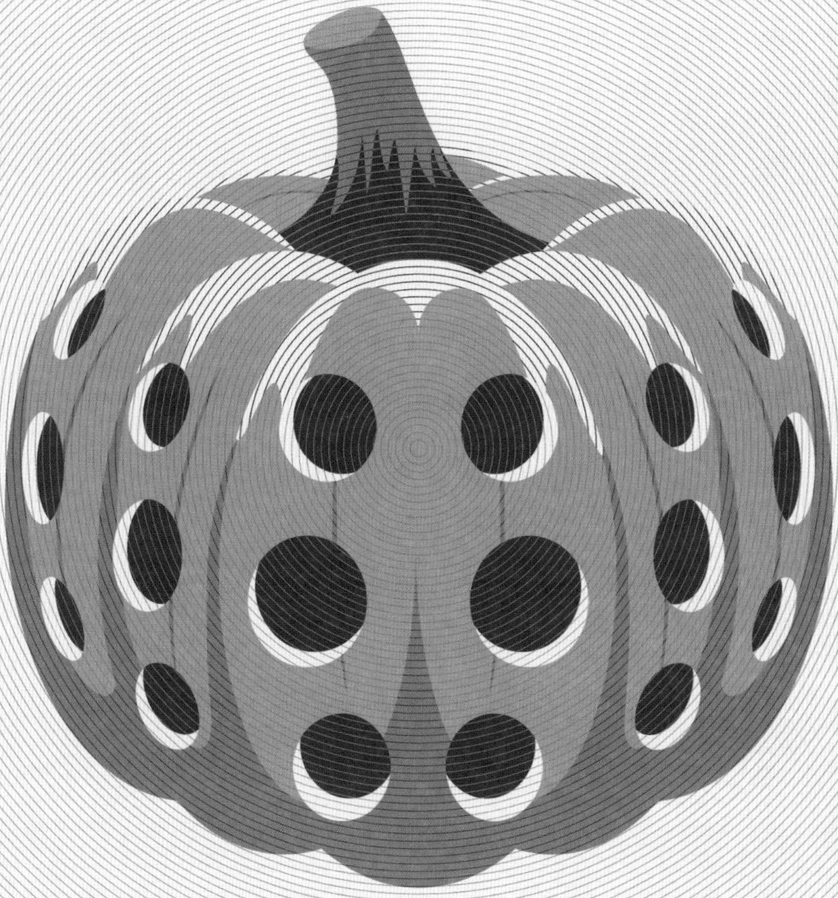

Der Nebelmond

Andere Namen sind
Ahnenmond, Dunkler Mond
und Mond des Geweihabwurfs
der Hirsche.

Dies ist ein Mond der Visionen
und Erinnerungen, offen für
die Welt der Träume.

Mit dem Mond im November beginnt für uns eine Zeit der Ruhe, wir ziehen uns stärker in uns zurück, sind selbstversunken, was sich in den letzten Tagen des Oktobers ankündigte. Diese traumähnliche Welt ist ruhig, manchmal lautlos. Schauen wir genauer hin, erkennen wir jedoch ihre abgeschlossene Transformation.

Der Novembermond ist die Zeit des Skorpions, dem Sternzeichen, das am stärksten mit der Forschung in Verbindung steht und mit Wissen, das nicht auf dem schnellen Weg erworben wird, sondern durch Erschütterung, Tod und notwendige Transformation.

Der Kontakt mit dem Unbekannten fällt jetzt leichter, weil sich das Leben in den Untergrund zurückgezogen hat und verborgen bleibt. Das Laub, das im Herbst herabgefallen ist, liegt am Fuß der Bäume und zerfällt im Regen und wird zur Nahrung neuen Lebens.

Der Novembermond ist ein träumerischer Mond. Er vernebelt das Sichtbare und stellt das Unsichtbare in den Mittelpunkt. Mit der Kraft des Skorpions leitet er uns an, Geheimnisvolles und Magie zu erforschen.

Dieser Monat wird mit dem dunklen Gesicht der Hekate assoziiert, der Dreifachgöttin, die in vielen Kulturen verehrt wurde. Die Göttin der Kreuzungen, der Raben und des Todes flüstert uns zu, dass es lebenswichtig ist, dass Teile von uns sterben, damit neue Visionen geboren werden können. Für die Kelten war der November der erste Monat des Jahres, so, als ob das Neue im Niedergang des Alten Gestalt annimmt, als Idee und als Traum.

Der Novembermond versorgt uns mit der Inspiration, mit der wir dem Tod begegnen können, einem unbequemen Phänomen, das in der westlichen Anschauung fast schon als Tabu gilt. Dabei ist der Tod ein natürlicher Übergang für jede Form von Leben. Unser Sinnieren über den Tod dreht sich um den organischen Tod, der eine Wiedergeburt ankündigt, eine verwandelnde Erfahrung, die zum Wachstum gehört. Das Jahr neigt sich seinem Ende zu, das wir während dieses Mondes feiern, vor der Erneuerung, die im Dezember mit dem Zeichen des Schützen beginnt. Unser Traum hat nun die Phase erreicht, in der wir beobachten, stillhalten, lernen, zuhören und die Transformation geschehen lassen können.

Mondphasen

BEI NEUMOND im November versuchen Sie sich doch einmal am Wahrsagen mit Wasser. Füllen Sie einen Behälter mit Wasser, zünden eine Kerze an und stellen Sie so, dass ihre Flamme nicht durch das Wasser reflektiert wird. Das einzige Licht im Zimmer soll das der Kerze sein. Dann lassen Sie sich durch die Schatten und das Licht auf der Wasseroberfläche inspirieren. Diese Technik heißt Hydromantie und dieser Monat ist ideal, um sie auszuprobieren.

BEI ZUNEHMENDEM MOND im November konzentrieren Sie sich auf Ihre transformativen Prozesse. Was fühlen Sie, nachdem Sie letzten Monat so Einiges losgelassen haben? Hat dieser Vorgang deutliche Einschnitte verursacht? Wie können Sie trotz der Veränderungen weiter im Flow bleiben? Erstellen Sie ein Moodboard mit Fotos, Bildern, Zeichen und allem, was Sie inspiriert.

BEI VOLLMOND im November leben Sie, fordern Raum für sich und verwandeln ihn in etwas Heiliges. Jetzt ist ein guter Zeitpunkt, um innezuhalten und zu lauschen, inaktiv zu sein, mit seinem Inneren in Kontakt zu bleiben. Versuchen Sie, sich zu entspannen, einfach nur zu sein und erlauben Sie sich Tagträume. Überlegen Sie, was Sie flexibler und weicher macht und was Sie wirklich gehen lassen müssen. Jetzt ist eine gute Zeit zum Vergeben, sich selbst und anderen.

BEI ABNEHMENDEM MOND im November führen Sie alles fort, was Sie bei Vollmond begonnen haben und vergessen Sie das Ausruhen nicht. Kümmern Sie sich intensiv um Dinge, die Sie interessieren und legen ihre Geheimnisse offen. Dabei folgen Sie den Symbolen und Träumen, die Sie führen und inspirieren. Versuchen Sie, die Anregungen aus Ihren nächtlichen Träumen im Alltag umzusetzen.

Pflanze

Die Zypresse erinnert mich an eine grüne Flamme, die hoch zur Sonne zeigt, während ihre Wurzeln fest im Boden verankert sind. Sie gilt vielen Kulturen als heilig, ist Hüterin der Türschwelle und wird aufgrund ihrer senkrecht statt waagrecht wachsenden Wurzeln traditionell auf Friedhöfen gepflanzt. Die Zypressenwurzeln erkunden alles, was tief unter der Oberfläche lebt und entspricht damit der Botschaft dieses Mondes.

Die Früchte der Zypressen sehen wie kleine Kiefernzapfen aus. Farblich variieren sie von grün bis golden, als ob sie die innenwohnende Heiligkeit der Pflanze demonstrieren möchten. Ihre ätherischen Öle sind in den Früchten und den Blättern, die eher aussehen wie Nadeln, enthalten.

Die Zypresse ist kompakt und anspruchslos. Sie wird mit Saturn assoziiert, dem Planeten und dem Gott der Rückkehr zur Einfachheit, zum Herz der Dinge und all dessen, das nicht unnütz oder überflüssig ist. Die Form der Zypresse erinnert daran, dass das, was wichtig ist, nicht zu sehen ist, wie die Knochen eines Körpers, die erst nach dem Tod zum Vorschein kommen.

In vielen alten Kulturen ist sie das Symbol der Wiederauferstehung und der Samen der Wiedergeburt und, weil sie immergrün ist, auch ein Zeichen für Unsterblichkeit. Ihr langsames, aber unaufhaltsames Wachstum führte zu der Vermutung, dass die Zypresse die Seelen der Verstorbenen auf ihrem Weg in die nächste Welt geleitet.

In der Phytotherapie wird sie für ihre gefäßverengende Wirkung geschätzt. In der Aromatherapie hilft uns die Zypresse, aus schwierigen Situationen herauszufinden, die durch schweren Verlust oder bedeutende Transformation verursacht wurden.

Die Botschaft der Zypresse ist „Tod ist nur ein Übergang, das Leben hat viele Türschwellen.“

Zyppresse

Cupressus L.

XI

125

XI

126

Symbole

PILZE

Pilze gehören zwar zu den Gemüsesorten, sind aber trotzdem eine Welt für sich. Sie lieben Feuchtigkeit und können Materie verändern.

UNTERHOLZ

Dieser Mond führt uns in das Unterholz, bringt uns in Kontakt mit dem Boden und den Pflanzenwurzeln, die dort wachsen, wo wenig Licht ist, wo die Dunkelheit entsteht. Auch dort gibt es Leben.

KREUZUNGEN

Als Symbol für Hekate galt eine vierzügige Kreuzung immer schon als Ort der Magie und Verzauberung, wo man auf Erscheinungen, Geister, Visionen und Legenden trifft.

NEBEL

Nebel ist die wässrige Form dieses Mondes. Er lebt in stillem Wasser und verwischt die Grenzen der Realität.

TOD

Der Tod, die Tarotkarte, die mit diesem Mond assoziiert wird, ist nicht die letzte Karte und tatsächlich auch nicht das wirkliche Ende, sondern vielmehr eine Schwelle, die es zu überschreiten gilt. Er steht für Erneuerung und die Wiedergeburt in ein neues Leben, ohne die alten Gewohnheiten.

DIE ANDERWELT

Die Welt, in die uns unsere Träume, unsere sensible Wahrnehmung und unsere Intuition führen, ist ein magischer Ort zum Austausch von Energien, Erinnerungen und Symbolen.

PROPHEZEIUNG

Dies ist der Monat der leisen Gefühle und des Wahrsagens. Er erlaubt uns, die Stimmen unserer Ahnen zu hören, die uns durch Symbole ihre Nachrichten schicken – entweder am Tag oder in unseren Träumen.

Praktiken und Rituale

Feiern Sie das Ende von etwas, sei es eine Beziehung, ein Job oder ein Ort, an dem Sie nicht mehr wohnen. Denken Sie sich ein Ritual zur Verabschiedung aus und als Segnung für das Ende.

Machen Sie einen Spaziergang über einen monumentalen Friedhof und halten nach dem Grabstein Ausschau, der Sie am stärksten inspiriert. Während Sie über heiligen Boden laufen, verhalten Sie sich still und beobachten.

Bauen Sie einen kleinen Altar mit den Fotos Ihrer Vorfahren auf und bringen Sie ihnen kleine Opfer wie Blumen, Blätter oder etwas, was sie in ihrem Leben liebten.

Bitte Sie jemanden, der sich mit Pilzen auskennt, mit Ihnen in die Wälder zu gehen. Pilzsammler wollen meist ihre Jagdgründe nicht preisgeben, aber unter Anleitung finden Sie bestimmt einige essbare Pilze.

Zünden Sie eine schwarze Kerze an. Während sie brennt, beenden Sie innerlich die Dinge, die beendet werden müssen.

Sammeln Sie eine Handvoll Zypressenzapfen und ziehen sie auf eine rote Schnur auf, so erhalten Sie eine Kette, die Ihr Haus schützt.

Schauen Sie einen Horrorfilm mit jemandem, der solche Filme liebt, und gucken Sie weg, wenn es nötig ist.

Erstellen Sie eine Liste mit Hoffnungen und Träumen für das kommende Jahr. Stellen Sie sich den neuen Anfang gedanklich vor.

Nehmen Sie Tarotkarten und ziehen Sie für jeden Tag des Monats eine Karte aus dem Stapel, von jetzt an bis zum nächsten Oktober. Auch, wenn Sie nicht wissen, wie das Orakel zu deuten ist, schreiben Sie auf, was Sie darauf sehen. Das wird Ihre Karte der Inspirationen für das kommende Jahr.

Graben Sie Ihre Hände in den dunklen, feuchten Boden und erden sich. Sie sind hier, jetzt gerade: Feiern Sie das Leben!

XI

129

Erykah Badu

Song: ***On & On*** **(Aus dem Album** ***Baduizm*****, 1997)**

XI

130

Pop-Ikone

So einige Musikkritiker haben Erykah Badu als Rätsel beschrieben. Ihre Musik und ihre Kunst zusammen mit ihrem politischen Engagement senden vibrierende Emotionen. Mit ihren legendären Outfits und ihren hoch aufgetürmten Turbanen haftet ihr die Ausstrahlung einer atavistischen Priesterin an.

Erykah Badu ist eine amerikanische Sängerin/Songwriterin, die als Königin des Neo-Souls gilt und als eine der führenden Künstlerinnen dieser Bewegung. Das Wort *bewusst* beschreibt ihre Musik, in der bedeutende soziale und politische Beobachtungen verarbeitet sind.

Ihren Künstlernamen Badu leitete sie von ihrem Lieblingsgitarrenriff ab, dem ba-doo. Später fand sie heraus, dass *badu* im Arabischen „Licht und Wahrheit" bedeutet. Die Verbindung dieser Künstlerin zum Novembermond liegt in ihrem schamanischen, spirituellen Charakter und ihrer authentischen, engagierten Art.

Ihr Musikvideo *Window Seat* ist eine politische Reflexion über den Tod. Die Dreharbeiten fanden an dem Ort statt, an dem John F. Kennedy ermordet wurde. Im Video läuft sie um diesen Platz herum, zieht all ihre Kleidung aus und fällt schließlich zu Boden, erschossen von einem Attentäter. Das Video veranschaulicht ihre Ansicht, dass es sehr leicht ist, jemanden zu hassen und umzubringen, den man nicht kennt.

Von Erykah und dem Novembermond können wir lernen, wie wichtig es ist, sein Leben spirituell zu leben und dass Spiritualität nicht zwangsläufig immateriell sein muss: Sie lässt sich in politisches, künstlerisches und kommunikatives Handeln umwandeln.

Der Lange-Nacht-Mond

**Andere Namen sind
Kalter Mond, Eichenmond
und Mond des Großen Winters.**

**Dies ist der Mond der
Wiedergeburt des Lichts
und des Gebens.**

Der Dezembermond ist durchtränkt von der Atmosphäre der Wintersonnenwende, dem Symbol für die Wiederkehr des Lichts in der dunkelsten Zeit des Jahres. Die Dezembernächte, die längsten des Jahres, werden nach dem 21. Dezember allmählich kürzer und in uns steigt das Gefühl auf, dass das Licht zurückkehrt. Diesen Mond umgibt der Hauch von Erneuerung und Wiedergeburt.

Der Mond im Dezember ist günstig, um sich um alles zu kümmern, das wachsen soll, so wie das Licht nach der langen, dunklen Zeit stärker wird. In dieser Zeit des Jahres lässt es sich gut feiern und wir können uns Weihnachten mit erfrischtem Geist zuwenden. Wir können den Konsumgedanken von Weihnachten ablegen und in Kontakt mit der Botschaft dieses Mondes treten und den dunkelsten Moment des Jahres in der Hoffnung auf mehr Licht verbringen.

Die heidnische Tradition sieht Bäume als Symbole für Wiedergeburt an, speziell die immergrünen Bäume. Nadelbäume und Ilex, Symbole dieses Monats, erinnern uns daran, wie wichtig es ist, trotz der Dunkelheit das Licht des Glaubens nicht zu verlieren.

Unter dem Dezembermond können wir uns der Schönheit des Gebens zuwenden. Wenn wir unseren Lieben in der dunkelsten Zeit des Jahres Geschenke machen, schafft das eine Verbindung zwischen uns, wir spüren, dass wir nicht allein sind und dass das Licht zu uns zurückkehren und uns wecken wird, damit ein neuer Kreislauf beginnt. Denken Sie über die Schönheit des Schenkens nach und über Dankbarkeit, wie stehen sie miteinander in Beziehung? Der Mond im Dezember nimmt uns an die Hand und führt uns auf diese Reise. Ein Feuer zu entzünden, einen Raum mit Kerzen zu erleuchten und schöne Lichter in die Fenster zu hängen, sind keine frivolen Gesten, sie repräsentieren, was uns Licht, das Miteinander und das Geben bedeuten.

In dieser Zeit können wir Projekte abschließen, an denen wir das Jahr über gearbeitet haben und Raum schaffen für Dinge, die wir im kommenden Jahr angehen wollen. Halten Sie inne und bewerten Sie Ihre Leistungen der letzten Monate, fokussieren Sie sich auf Ihre Wünsche.

Mondphasen

BEI NEUMOND im Dezember lassen Sie die zwölf Monate, die nun bald vorüber sind, Revue passieren. Schreiben Sie auf, was Sie erreicht haben, in welchen Bereichen Ihres Lebens Sie die meisten Schwierigkeiten hatten und welche Projekte Sie zu Ende gebracht haben. Überlegen Sie, was Sie in jedem Monat gelernt haben. Lassen Sie unter diesem Mond das Jahr im Allgemeinen an sich vorüberziehen und bereiten Sie sich auf die Erneuerung vor.

BEI ZUNEHMENDEM MOND im Dezember nehmen Sie sich die Zeit, um darüber nachzudenken, welche Bereiche Ihres Lebens Sie hervorheben möchten. Wo benötigen Sie mehr Licht? Welche Aspekte bedürfen stärkerer Aufmerksamkeit? Nutzen Sie die Energie des zunehmenden Mondes, um sich auf Ihre Vorsätze für das kommende Jahr zu konzentrieren und an sich und Ihre Fähigkeiten zu glauben. Betrachten Sie Ihre zukünftigen Projekte wie Samenkörner. Was brauchen sie zum Wachsen? Welche Farben werden die Blüten haben? Werden sie leckere Früchte tragen?

BEI VOLLMOND im Dezember feiern Sie, was Sie in diesem Jahr vollendet haben. Was von diesem Jahr möchten Sie feiern? Haben wir ein Ziel erreicht, hasten wir häufig zum nächsten weiter, ohne uns die Zeit zu nehmen, das zu ehren, was wir erreicht haben. Gönnen Sie sich bei diesem Vollmond etwas, das Ihrer Vorstellung von Feier entspricht: ein schönes Abendessen, einen Blumenstrauß oder einen Tag im Spa.

BEI ABNEHMENDEM MOND im Dezember erneuern und reinigen Sie Ihre Pläne, Ihre Umgebung und Ihre Person. Nehmen Sie sich die Zeit, sich etwas Gutes zu tun, schaffen Sie Ordnung um sich herum und werfen Sie weg, was Sie nicht länger brauchen. Nutzen Sie diesen Mond, um andere zu beschenken und dankbar für eine gleiche Geste zu sein und für alles, was Sie haben. Erstellen Sie aus Zeitschriftenschnipseln eine Collage, die repräsentiert, wie Sie sich Ihr kommendes Jahr vorstellen.

Pflanze

Die Pflanze, die aus mehreren Gründen mit diesem Mond assoziiert wird, ist der Ilex, auch Stechpalme genannt. Der erste und offensichtlichste Grund ist seine Suche nach Licht, obwohl er an schattigen Standorten wächst. Der Ilex ist polymorph – die unteren Blätter, dort, wo wenig Licht ist, sind dornig und verdreht, um sich vor Tieren zu schützen, die Blätter, die mehr Licht abbekommen, sind weiter geöffnet und besitzen weniger Dornen. Dr. Edward Bach stellte aus Ilex ein Heilmittel her, da er Wut, Groll und Hass ins Lot bringen kann.

Die Stechpalme schafft es, Dunkelheit in Licht zu verwandeln, das hat ihr seit frühester Zeit den Ruf als glücksbringende, resistente Pflanze eingebracht. Im alten Rom war es zu dieser Jahreszeit üblich, einen Bund Ilexzweige als Talisman ins Haus zu holen und ihn in der zwölften Nacht, der Nacht von Epiphania, wieder zu entsorgen. Zum Teil wird diese Tradition weiter gepflegt: Immer noch ist Epiphania der Tag, an dem wir die Weihnachtsdekoration abbauen.

Bei den Kelten war der Stechpalmenkönig der König des Winters. Zur Wintersonnenwende übergab er das Zepter an den Eichenkönig, der die Monate üppigen Wachstums regierte. Es heißt, wenn man einen Ilex dreimal in einer Richtung umrundet, danach siebenmal in der anderen, dann trifft man die Person, die man heiraten wird. Die roten Beeren der Pflanzen sind bei Vögeln sehr beliebt, für Menschen allerdings giftig. Sie sind ein Symbol für die Sonne, deren Rückkehr sie feiern.

Die Stechpalme wird in der Phytotherapie nicht mehr eingesetzt, nur als Bachblüte findet sie noch Verwendung, wie bereits erwähnt.

Die Botschaft des Ilex ist „Bewahren Sie sich Ihren Weitblick, das Licht kehrt bald zurück."

Ilex

Ilex aquifolium L.

XII

137

XII

Symbole

DER STECHPALMENKÖNIG UND DER EICHENKÖNIG

Die beiden symbolisieren die Zweiteilung des Jahres, die zur Wintersonnenwende einsetzt. Der Stechpalmenkönig wird mit Santa Claus assoziiert, weil er der Legende nach den Kindern Geschenke brachte.

MISTELZWEIG

Zusammen mit Efeu und Ilex symbolisiert die Mistel Schutz, Fruchtbarkeit und neues Leben. Der traditionelle Kuss unter dem Mistelzweig wird mit der Symbolik der Pflanze für Erneuerung und Wachstum assoziiert.

GERECHTIGKEIT

Die Tarotkarte, die mit diesem Mond assoziiert wird, ist die Gerechtigkeit, das Symbol für Wiedergeburt und neues Leben, aber auch für den Ruf, für die innere Berufung, den Grund, unsere Arbeit in der Welt aufzunehmen.

GESCHENKE

Die Sitte, denen, die uns am Herzen liegen, kleine Geschenke zu übergeben, ist eine Art, das Ende des Jahres und die Vollendung des Kreislaufs zu feiern. Und wir wünschen ihnen auf diese Weise Gesundheit und Wohlbefinden.

DIE FEUERSTELLE

Die ist eine der Symbole dieser Jahreszeit. Es war üblich, am Tag der Sonnenwende ein Feuer anzuzünden und es die ganze Zeit über brennen zu lassen als Zeichen für die Wiedergeburt. Das Feuer wurde über der Asche des vorherigen Tages aufgebaut und es wurde ununterbrochen Holz nachgelegt. Wenn es schließlich erloschen war, diente seine Asche als Dünger.

ROT UND GRÜN

Diese Farben erinnern an die Stechpalme. Das dunkle Grün ihrer schimmernden Blätter und das knallige Rot der Beeren stehen für Leben, Widerstandskraft und Wiedergeburt.

Praktiken und Rituale

Rollen Sie kleine Samenbomben und hängen sie nach draußen in die Bäume für die Rotkehlchen.

Erstellen Sie eine Liste mit Geschenken, die Sie gerne bekommen würden, wie früher die Wunschliste an den Weihnachtsmann.

Stellen Sie Ihre eigenen Kerzen her, es ist eine gute Übung für eine Meditation in Bewegung. Schmelzen Sie das Wachs, geben ätherische Öle hinzu, gießen die Mischung in einen kleinen Behälter, stecken einen Docht hinein und lassen sie aushärten. Erhellen Sie mit Ihren Kerzen die dunkelste Zeit des Jahres.

Ehren Sie die Einfachheit. Es ist normal, sich von den Feiertagen und den gesellschaftlichen Erwartungen dieser Zeit gestresst zu fühlen. Halten Sie es einfach und vergessen Sie Ihren Perfektionismus.

Kochen Sie etwas, das Sie mögen und geben Sie mit jedem Handschlag Liebe hinein. Dann servieren Sie es der oder dem Geliebten.

Bereiten Sie Glühwein für Ihre Freunde zu und verbringen den Abend miteinander in Zugewandtheit und guten Gesprächen.

In der Nacht der Sonnenwende zünden Sie eine Kerze an, um das Licht anzurufen, das allmählich zunimmt.

Erstellen Sie eine Playlist mit Winterliedern und teilen Sie sie über soziale Netzwerke – teilen Sie die Magie der Sonnenwende.

Stellen sie aus einem roten Stoffsäckchen einen Talisman für den Dezembermond her und füllen es mit Zimt, Sternanis und Nelken. Der wird Ihnen in der längsten Nacht des Jahres Gesellschaft leisten.

Wünschen Sie sich etwas, wie Sie es als Kind getan haben.

Glauben Sie an sich und Ihr inneres Licht.

Der Blaue Mond

Ein anderer Name
ist der Dreizehnte Mond.

Dies ist ein Mond der
Spiritualität, Liebe
und Inspiration.

Der Blaue Mond ist ein sehr besonderer Mond, ein außergewöhnliches Ereignis, das auf zwei Arten berechnet wird. Er tritt saisonal auf, wenn ein Vollmond viermal in einem Quartal erscheint, dann ist der dritte Vollmond der Blaue Mond. Oder er ist kalendarisch, wenn es in einem Monat zweimal einen Vollmond gibt, dann gilt der zweite als Blauer Mond.

Die Bezeichnung Blauer Mond ist ziemlich jung, es gibt sie seit 1946, im Gegensatz zu den teils uralten angelsächsischen, germanischen oder uramerikanischen Namen, die wir bisher kennengelernt haben. In der Ausgabe der Zeitschrift *Sky* and *Telescope* vom März 1946 gab es einen Artikel von James Huge Pruett mit dem Titel *Once in a Blue Moon*. Darin zitiert Pruett einen Artikel, der kurz zuvor im *Farmer's Almanac* veröffentlicht worden war. Der Artikel bot zwar keine genaue Interpretation des Blauen Mondes an, aber er mutmaßte, dass sich der Name innerhalb der nächsten Jahre für diesen speziellen Mond festsetzen würde.

Weil er so selten ist, wohnt dem Blauen Mond eine ganz besondere Kraft inne. Wie beim Vollmond erreicht die Mondenergie ihren Höhepunkt und ist die ideale Zeit, sich Ihre Erfolge ins Gedächtnis zu rufen und zu feiern und daran zu arbeiten, dass Ihre Wünsche wahr werden. Der Blaue Mond verstärkt die Magie des Vollmonds und ist eine wahrhaft besondere Gelegenheit.

Da er unregelmäßig auftaucht, hat er keine eigenen Phasen, sondern übernimmt die des Mondes in dem Monat, in dem er erscheint. Ist der Blaue Mond der zweite Vollmond im November, sind seine Phasen (Sichel, abnehmend, neu) dieselben wie die des Nebelmonds.

Rituale für den Blauen Mond

Bereiten Sie Ihren heiligen Ort mit Räucherwerk oder einem Palo-Santo-Stick vor. Räumen Sie auf und schaffen einen ruhigen Ort. Zünden Sie eine Kerze an und atmen tief durch. Dann schreiben Sie auf ein Blatt Papier eine Liste mit Wünschen, die Ihnen in diesem Moment unerreichbar scheinen. Schreiben Sie diese Liste in einem Rutsch und versuchen, so viele Wünsche wie möglich aufzuführen.

Während Sie schreiben, versuchen Sie, ein offenes Herz und positive Absichten zu behalten. Wenn Ihre Liste fertig ist, lesen Sie sie dem Blauen Mond vor. Finden Sie eine Möglichkeit, der Dreifachgöttin zu danken, vielleicht mit einem Lied, einem Tanz oder einem Gebet.

Legen Sie die Wunschliste in einen blauen Stoffbeutel und lassen ihn eine Nacht lang vom Mond bescheinen. Holen Sie ihn am Morgen wieder ins Haus und legen ihn an einen Ort, der Ihnen wichtig ist. Warten Sie ab, was geschieht.

Der Blaue Mond verkörpert alle drei Aspekte der Dreifachgöttin in der heidnischen Tradition: die Jungfrau, die Mutter, die Greisin. Daher besitzt er die Macht, uns mit dem Göttlichen und Spirituellen zu verbinden. Es könnte interessant sein, unter diesem Mond an etwas zu arbeiten, wovon Sie bisher annahmen, Sie könnten es nie schaffen oder erreichen. Alles kann unter dem Blauen Mond geschehen!

Nutzen Sie die Energie dieses Mondes, um festgefahrene kreative Situationen zu lösen, sich selbst eine zweite Chance zu gewähren oder in spirituellen Kontakt mit der Natur, die Sie umgibt, zu treten.

Pflanze

Der botanische Name des Wermuts, *Artemisia vulgaris*, ist die erste Verbindung der Pflanze zu diesem Mond. Tatsächlich stammt sein Name von Artemis ab, der Göttin der Wälder und des unzähmbaren Geistes.

Ein weiteres unbestreitbares Zeichen dafür, dass Wermut eine Mondpflanze ist, sind seine Blätter. Schauen Sie sich die Unterseiten an. Sie sind in einem Silber gefärbt, das stark an die Strahlen des Vollmonds erinnern. Der wilde Geist der Artemis, die allein im Mondschein durch die Wälder läuft, eins mit der Natur, ist die Seele dieser Pflanze.

Der Geruch des Wermuts führt Sie zu zeitlosen, weit entfernten Orten wie in Ihren Träumen. Wermut wird seit Urzeiten mit dem Reisen assoziiert. Es heißt, es beschützt Reisende. Legen Sie ein Wermutblatt in Ihren Koffer, damit Sie ihn nicht verlieren und legen Sie einen Bund Wermut in Ihr Auto als Schutz auf langen Fahrten. Er ist eine prophetische Pflanze, die das Träumen begünstigt.

Wermut reguliert den Menstruationszyklus, steigert die Fruchtbarkeit und beugt in der Menopause Osteoporose vor. Wird er bei Vollmond gepflückt, lässt sich ein Öl aus ihm herstellen, mit dem sich Menstruationskrämpfe mildern lassen und das sich für Massagen eignet. Für die Herstellung eines Essigs, der reich an den Vitaminen B, C und A, Kalzium, Kalium und Eisen ist, geben Sie eine Handvoll Wermutblätter in eine Flasche Weinessig und lassen ihn drei Wochen durchziehen.

Artemis lebt zwischen den Welten. Wer sie trifft, sollte seine Visionen und Träume sehr sorgfältig in Augenschein nehmen. Pflücken Sie einen kleinen Zweig Wermut und legen ihn unter Ihr Kopfkissen. Schreiben Sie morgen Ihre Träume in ein Notizbuch, einschließlich der Farben und Gefühle, die Sie beim Träumen hatten.

Die Botschaft des Wermuts ist „Halten Sie die Augen offen, besonders wenn Sie träumen."

Wermut

Artemisia vulgaris

XIII

147

XIII

Symbole

STERNE

Sterne repräsentieren Wünsche und Hoffnungen. Sie werden mit diesem besonderen Mond assoziiert, weil sie – wie er – für etwas stehen, das unmöglich scheint, das aber unter einem günstigen Stern oder einer Sternschnuppe doch geschieht.

AMETHYST

Als Symbol für Ausgewogenheit und die Vereinigung von Gegensätzen wird der Amethyst mit diesem Mond assoziiert, weil er Träume bringt und Tagträume fördert. Außerdem schützt er Reisen und Reisende, aber auch die spirituelle Reise, auf der wir alle sind.

BLAU

Blau ist die Farbe dieses Mondes, der selbst nicht wirklich blau ist. Feiern Sie diesen Mond in blauer Kleidung, kaufen Sie blaue Blumen oder machen Sie irgendetwas, das Ihr Leben blau macht.

EINHORN

Das Einhorn ist ein reines und magisches Tier, ein Pferd mit einem Horn und Flügeln. Dass man eines zu sehen bekommt, ist selten und bringt Glück. Nach Jungs analytischer Psychologie steht das Einhorn für die Vereinigung von Gegensätzen und daher für Balance und Harmonie. Es ist sowohl Stärke als auch Einheit.

DER NARR

Die Tarotkarte, die mit diesem Mond assoziiert wird, ist die Karte ohne Nummer. Sie steht für Unberechenbarkeit, Entdeckung, Originalität und der Fähigkeit, daran zu glauben, wovon wir hoffen, dass es geschieht, einfach, weil wir daran glauben. Der Narr ist so einzigartig wie der Blaue Mond. Er ist der Anfang und das Ende, das Abenteuer in einer unbekannten Fantasiewelt. Die Karte repräsentiert Reinheit und Unschuld.

Praktiken und Rituale

Gehen Sie hinaus und baden Sie im Licht des Blauen Mondes. Fällt seine Erscheinung in die warmen Monate, seien Sie nackt dabei (aber an einem geschützten Ort).

Lauschen Sie dem Klang der tibetischen Gebetsglöckchen oder ähnlichen Instrumenten, um sich mit der Kraft des Mondes zu verbinden.

Machen Sie etwas, was Sie schon lange vorhaben, aber noch nicht getan haben. Das kann das Kochen eines neuen Gerichts sein oder Fotos im Sonnenuntergang zu machen.

Suchen Sie nach einer geführten Mondmeditation und nehmen Sie sich heute die Zeit, sie zu machen. Online gibt es eine große Auswahl.

Schaffen Sie mit Blau einen heiligen Ort: blaue Kerzen, Kristalle und Kleidung, blauer Stoff, blaues Essen.

Bereiten Sie einen Kräutertee mit Blaubeeren und Malven zu: Geben Sie sie in eine Tasse lauwarmen Wassers und stellen sie über Nacht unter den Blauen Mond. Am Morgen haben Sie einen hellblauen Kräutertee.

Auch wenn Sie kein großes Zeichentalent haben, nehmen Sie ein großes Blatt Papier und Wasserfarben und lassen Ihrer Kreativität in dieser magischen Nacht freien Lauf.

Denken Sie über die Vielfältigkeit und Originalität von uns allen nach.

Geben Sie blaue Lebensmittelfarbe in Ihr Badewasser. Während Sie in der Wanne liegen, stellen Sie sich vor, dass ein blaues Licht die Müdigkeit, die Negativität und die Schwierigkeiten aus Ihrem Leben entfernt und sie durch Helligkeit und Fokus ersetzt.

Binden Sie sich ein blaues Band in die Haare oder legen es in Ihre Tasche und lassen es dort den ganzen Tag als Geheimbotschaft zwischen Ihnen und dem Mond.

Janis Joplin

Song: *Kozmic Blues* (aus dem Album *I Got Dem Ol' Kozmic Blues Again Mama!*, 1969)

Pop-Ikone

Janis war einzigartig. Ihre Stimme war einzigartig, Ihr Lifestyle war einzigartig und die Emotionen, die ihre Stimme auch heute noch vermittelt, sind ebenso einzigartig. Sie konnte nur Sängerin werden. Wer eine wahre Berufung hat, trägt sie in sich wie ein kostbares Juwel.

Sie hatte ein furchtbar kurzes Leben und eigentlich müsste es unmöglich sein, dass eine 27-Jährige Töne und Gesang, die Musik an sich revolutionieren kann. Sie ist die Verkörperung ihrer Zeit, der Zeit der Hippies und der friedlichen Revolution der Blumenkinder. Ihr Stil war originär und unverwechselbar, so wie sie, und das ist ihre Verbindung zu diesem Mond. Ein seltener Mond, der kaum jemals zur selben Zeit erscheint und auf den man manchmal Jahre warten muss, bevor man ihn wiedersieht. Er nimmt sich seine Zeit und es kümmert ihn nicht, wenn er aus der Reihe tanzt.

Neben ihrer unglaublichen Stimme besaß Janis die Stärke, Emotionen zu senden, die pulsierend waren, herzzerreißend, dramatisch und gleichzeitig voller Leben. Sie war die Priesterin der Gefühle und auf eine Art waren es diese Gefühle, die sie erstickten, sie herumstießen und sie auf Abwege führten. Das Leben, das sie besang, war schön und stark – angefüllt mit Zorn, Freude und Angst, aber niemals mit der Angst vor dem Fühlen. Auch der Blaue Mond mit seiner spirituellen Botschaft und seinen Verbindungen zu sentimentaler und universeller Liebe lehrt uns, dass wir unsere Gefühle nie fürchten sollen.

„Auf der Bühne mache ich Liebe mit fünfundzwanzigtausend Menschen“, sagte sie. Der Blaue Mond inspiriert uns zu einer Liebe ohne Angst davor, uns ihr völlig hinzugeben und all die Liebe zu spüren, die in uns ist. Selbst, wenn wir traurig sind und denken, dass niemand uns liebt. Schauen Sie in den Himmel und sehen Sie sich den Mond an. Erinnern Sie sich: Sie sind aus demselben Licht gemacht.

Der Mondkalender

Mit diesem speziellen Mondkalender können Sie die Mondphasen und Ihre jeweilige Stimmung festhalten. Unter dem Kalender finden Sie eine Legende mit den Symbolen, die Sie in jedem Monat für den Neumond, zunehmenden Mond, Vollmond und abnehmenden Mond verwenden können.

Fangen Sie dort an, wo diese Mondphasen auftreten, beginnend mit dem Monat, in dem Sie dieses Buch gekauft haben oder mit dem, in dem Sie beginnen, es zu benutzen. Wenn Sie möchten, schreiben Sie auf, wie Sie sich an diesem Tag fühlen, in dieser speziellen Mondphase. Dabei können Sie Emojis oder andere Symbole Ihrer Vorstellungskraft verwenden.

Tragen Sie alles mit einem Bleistift ein, damit Sie sie ausradieren und den Kalender von Neuem beginnen können!

Neumond | Zunehmender Mond | Vollmond | Abnehmender Mond

1	2	3	4	5	6	7
8	9	10	11	12	13	14
15	16	17	18	19	20	21
22	23	24	25	26	27	28
29	30	31				

1	2	3	4	5	6	7
8	9	10	11	12	13	14
15	16	17	18	19	20	21
22	23	24	25	26	27	28
29	30	31				

1	2	3	4	5	6	7
8	9	10	11	12	13	14
15	16	17	18	19	20	21
22	23	24	25	26	27	28
29	30	31				

1	2	3	4	5	6	7
8	9	10	11	12	13	14
15	16	17	18	19	20	21
22	23	24	25	26	27	28
29	30	31				

1	2	3	4	5	6	7
8	9	10	11	12	13	14
15	16	17	18	19	20	21
22	23	24	25	26	27	28
29	30	31				

1	2	3	4	5	6	7
8	9	10	11	12	13	14
15	16	17	18	19	20	21
22	23	24	25	26	27	28
29	30	31				

1	2	3	4	5	6	7
8	9	10	11	12	13	14
15	16	17	18	19	20	21
22	23	24	25	26	27	28
29	30	31				

1	2	3	4	5	6	7
8	9	10	11	12	13	14
15	16	17	18	19	20	21
22	23	24	25	26	27	28
29	30	31				

1	2	3	4	5	6	7
8	9	10	11	12	13	14
15	16	17	18	19	20	21
22	23	24	25	26	27	28
29	30	31				

1	2	3	4	5	6	7
8	9	10	11	12	13	14
15	16	17	18	19	20	21
22	23	24	25	26	27	28
29	30	31				

1	2	3	4	5	6	7
8	9	10	11	12	13	14
15	16	17	18	19	20	21
22	23	24	25	26	27	28
29	30	31				

1	2	3	4	5	6	7
8	9	10	11	12	13	14
15	16	17	18	19	20	21
22	23	24	25	26	27	28
29	30	31				

Bibliografie

Berger, Judith. *Herbal Rituals*. Smashwords, Pacific Grove, USA, 1998.

Cattabiani, Alfredo. *Lunario. Dodici mesi di miti, feste, leggende e tradizioni popolari d'Italia*. Mondadori, Mailand, Italien, 2002.

———. *Florario. Miti leggende e simboli di fiori e piante*. Mondadori, Mailand, Italien, 1996.

Cunningham, S. *Cunningham's Encyclopedia of Magical Herbs*. Llewellyn Worldwide, Portland, USA, 1985.

Mecozzi, Karin. *Ars herbaria. Piante medicinali nel respiro dell'anno*. Natura e Cultura editrice, Alassio, Italien, 2012.

Morrison, Dorothy. *The Craft: A Witch's Book of Shadows*. Llewellyn Worldwide, Portland, USA, 2001.

Patterson, Rachel. *Moon Magic*. Moon Books, New Alresford, VK, 2014.

Roux, Jessica. *Floriography. An Illustrated Guide to the Victorian Language of Flowers*. Andrews McMeel, Kansas City, USA, 2020.

Toll, Maia. *The Illustrated Herbiary. Guidance and Rituals from 36 Bewitching Botanicals*. Storey, North Adams, USA, 2018.

Online-Referenzen

www.actaplantarum.org
www.cavernacosmica.com
www.enciclopediadelledonne.it
www.ilcerchiodellaluna.it
www.thepeculiarbrunette.com
www.wortsandcunning.com

Danksagung

Dieses Buch würde es nicht geben, wenn nicht viele der Menschen, die mir lieb sind, dabei geholfen hätten. Ich möchte Francesca Matteoni danken, Autorin, Freundin und Gefährtin bei vielen Abenteuern. Sie machte es möglich, dass ich mein Ziel erreichen konnte. Und ich danke Balthazar Pagani, dessen Visionen oft mit meinen übereinstimmen und dessen Fantasie eine kostbare Quelle ist. Ich danke auch meinen Mondschwestern: Silvia, Virginia, Serena, Giulia, Onda, Linda, Lucia, Alessia, Eleonora, Emanuela, Nina, Alice, Doriana, Valentina, Anna, Gabriella – jede von euch ist eine Mondgöttin, jede besitzt ein Stück meines Herzens. Ich bin meiner Mutter Angela dankbar, die die Welten schrieb und entwarf. Ich weiß, dass sie über mich wacht, verborgen im Licht des Mondes. Und ich danke meinen Großmüttern, von denen ich gelernt habe, Pflanzen zu lieben und die Magie des alltäglichen Lebens. Dank an Gabriele, der mir zur Seite steht und so besonders ist, dass er vielleicht vom Mond stammt. Und ich danke meinen geliebten Tieren Bambi, Cipolla und Mirtillo, die hier mit mir leben, und Hero und Eva, die ungefähr vom Ende des Regenbogens über mich wachen. Ich danke allen Freundinnen und Freunden, die ich hier nicht genannt habe, aber in meinem Herzen trage, auch denen, die uns bereits verlassen haben, denn sie bleiben immer Teil meiner Geschichte und des hellen Pfads, der mich jeden Tag an das Sensitive, das Fantastische glauben lässt, und an die Liebe. Und vor allem danke ich allen Kindern, die das Lesen lieben, weil sie vielleicht eines Tages neue Träume und neue Welten erschreiben.

C. L.

CECILIA LATTARI ist nicht nur Herbalistin mit einem Abschluss der Universität von Bologna, sondern auch ausgebildete Schauspielerin. Sie ist Erzieherin für Konkretes und der Fantasie und nutzt dafür verschiedene Medien: das Schreiben, das Theater, Begegnung mit der Natur und tragende Beziehungen. Sie stimuliert die Verbindung der Menschen zu ihrem authentischsten Ich mithilfe von Theateraufführungen und sensorischen Erfahrungen mit der Pflanzenwelt. Sie lebt in Waldnähe in einer Kleinstadt im toskanischen Apennin. Das Mondlicht scheint geradewegs durch ihre Haustür und häufig ist sie dabei anzutreffen, wie sie lange Gespräche mit dem Mond und ihren Katzen führt.

EMILIO IGNOZZA ist Grafikkünstler und lebt in Mailand. Er hat Architektur studiert, den Beruf nach seinem Abschluss aber nicht ausgeübt. In seiner Designarbeit haben Geometrie, Module und Muster immer eine wichtige Rolle gespielt.

Sein Studium in technischen und humanistischen Bereichen entfachten in ihm die Leidenschaft für Kunst, Design und visuelle Kommunikation.

Zu seinen Interessen gehört das Illustrieren, Fotografieren und typografisches Design.

Seit 2012 ist er Teil des theWorldofDOT-Studios, wo sein Schwerpunkt auf redaktionellen Grafiken liegt. Er ist der Schöpfer von Covers und Serien für mehrere italienische Verlage.